# 丰田工作法

## 丰田的工作哲学与方法大全

[日] OJT 解决方案股份有限公司 著　朱悦玮 译

The ultimate business skills toyota way

トヨタ仕事の基本大全

北京时代华文书局

图书在版编目（CIP）数据

丰田工作法 / 日本 OJT 解决方案股份有限公司著；朱悦玮译 . — 北京：北京时代华文书局，2016.4（2025.8重印）

书名原文：The ultimate business skills toyota way

ISBN 978-7-5699-0859-6

Ⅰ.①丰… Ⅱ.①日… ②朱… Ⅲ.①丰田汽车公司－工业企业管理－经验 Ⅳ.① F431.364

中国版本图书馆 CIP 数据核字 (2016) 第 046555 号

北京市版权局著作权合同登记号 图字：01-2015-7777

TOYOTA  SHIGOTO  NO  KIHON  TAIZEN
BY OJT Solutions,INC
Copyright ©2015  OJT Solutions,INC
Edited by CHUKEI PUBLISHING
Original Japanese edition pulished by KADOKAWA CORPORATION,Tokyo.
ALL rights reserved
Chinese (in Simplified character only) translation copright ©2016 by Beijing Time- Chinese Press
Chinese (in Simplified character only) translation rights arranged with KADOKAWA CORPORATION,Tokyo. through Bardon- Chinese Media Agency,Taipei.

# 丰田工作法

FENGTIAN GONGZUOFA

著　　者 | [日] OJT 解决方案股份有限公司
译　　者 | 朱悦玮

出 版 人 | 陈　涛
选题策划 | 胡俊生
责任编辑 | 樊艳清
装帧设计 | 程　慧　王艾迪
责任印制 | 刘　银

出版发行 | 时代出版传媒股份有限公司 http://www.press-mart.com
　　　　　北京时代华文书局 http://www.bjsdsj.com.cn
　　　　　北京市东城区安定门外大街 138 号皇城国际大厦 A 座 8 层
　　　　　邮编：100011　电话：010－64263661　64261528
印　　刷 | 三河市兴博印务有限公司　0316-5166530
　　　　　（如发现印装质量问题，请与印刷厂联系调换）
开　　本 | 880 mm×1230 mm　1/32
印　　张 | 9.5
字　　数 | 210 千字
版　　次 | 2016 年 4 月第 1 版　　2025 年 8 月第 24 次印刷
书　　号 | ISBN 978-7-5699-0859-6

定　　价 | 45.00 元

# 前　言

丰田汽车自2012年至2015年连续4年销量全世界第一，可以说是最能够代表日本的企业。丰田强大的原因，究竟在哪里呢？

是将效率化贯彻到底的生产系统？

是拥有安心、安全的品质保证的品牌影响力？

是凭借混合动力汽车、燃料电池汽车等引领世界汽车产业的技术实力？

是保证全世界销量第一的市场营销能力？

这些都可以称得上是支撑丰田飞速发展的原动力。

然而支撑上述"原动力"的，却是在现场工作的员工们。

正如"要做事先做人"这句话所说的一样，丰田长期以来一直将人才培育作为企业发展的重中之重。

当然，丰田培育的并不是只知道按照命令机械化地完成工作的"人才"，而是能够用自己的头脑思考，在工作中发挥自身价值的"人才"，也可以说是"自律的人才"。

所以，丰田在员工入职的第一年，就将工作的哲学和方法彻底地贯彻到每一个人的身上。堪称为丰田代名词的"5S""改善""解决问题的8个步骤"等方法也不例外。

丰田的工作哲学和方法，并不是纸上谈兵，而是在多年的现场工作中，由上司传达给部下、前辈传达给后辈的活生生的工作技术。其中充满了让员工用自己的头脑思考，带着问题意识进行工作的秘诀。

读者朋友们身边的工作环境又如何呢？

在经济和企业的全球化趋势之下，日本企业也需要更有效率地展开自己的事业。在这样的背景下，企业都将取得成果放在第一位，而人才培育则很容易被忘在脑后。

如今的企业确实很难像过去那样对员工组织大规模的研修，上司和前辈也很难通过OJT[1]来传授新人工作经验。对于新员工来说，公司没有现成的轨道来让他们前进，只能凭借自己的积极态度来主动学习，否则就会遭到淘汰。

为了帮助新员工早日成为能够独当一面的人才，本书将为大家介绍工作上必不可少的思考方法和工作技能。

当然，因为本书中的内容是以终生受用的工作原理和原则为中心，所以不仅年轻员工，即便是工作多年的老员工也可以利用本书

---

1 所谓OJT，就是On the Job Training的缩写，意思是在工作现场内，上司和技能娴熟的老员工对下属、普通员工和新员工们通过日常的工作，对必要的知识、技能、工作方法等进行教育的一种培训方法。

作为参考来找出自己工作中可能存在的不足之处。另外，对于有责任教育部下和后辈的上司来说，本书也可以作为人才培训的教材。

这就是不管新员工还是老员工都值得一看的"终生受用的工作方法"。

本书由七章组成。

第一章，丰田最重要的"工作哲学"。介绍丰田代代相传的公司文化和工作方法之中最重要的原理和原则。

第二章，丰田工作基本中的基本"5S"。主要介绍在丰田的生产现场每天都在实践的"整理整顿"。通过整理整顿，生产现场和办公室的工作效率都将得到大幅提高。

第三章，"改善力"是一切工作的基础。主要介绍丰田强大的秘诀"改善"。通过消除工作中的浪费，避免重复失败，提高工作效率，取得工作成果。

第四章，战无不胜的"问题解决力"。主要介绍丰田独特的问题解决方法"解决问题的8个步骤"。通过自己设定问题并且加以解决，掌握革新必不可少的"思考力"。

第五章，就算只有一个部下也要发挥"领导力"。主要介绍丰田的上司如何对部下和组织进行指导。通过自律的思考和培养具有主观能动性的部下来发挥领导能力。

第六章，让生产效率提高一倍的"交流力"。主要介绍丰田的团队合作。任何工作都需要构筑人际关系的方法和交流的技巧。

第七章，能够立刻取得成果的"执行力"。主要介绍任何人都想要掌握的"实践力"。丰田的员工每个人都能够实现自己的成果，这些个人的成果最终作为公司全体的成果固定下来。由此可以看出丰田的执行力。

本书的内容都是从1960年代前半段到2010年代前半段在丰田任职，随后在株式会社OJT解决方案股份有限公司以指导师身份活跃的原丰田员工们的经验总结而成，在丰田之外的商业环境中也同样适用。

或许有人认为"这方法只适用于丰田""我们是服务行业，工厂的工作方法我们用不上"。

但是，"丰田的工作方法"，并不是只有丰田适用的思想和方法，而是在任何行业和公司工作的人都可以应用的方法。不管是在工厂里工作的人，还是在办公室里工作的人，都可以掌握这套工作原理。

事实上，由原丰田员工组成的OJT解决方案股份有限公司的指导师们所指导的公司，不只包括国内的制造业，还有零售业、建筑业、金融与保险行业、服务行业（医疗机构、福利设施、宾馆等），甚至还包括海外企业的制造业等，业务范围涵盖许多地区与行业，并且取得了巨大的成果。

这是善于工作的人、通过工作取得成长的人都必须掌握的基本原则。

OJT解决方案股份有限公司

**第四章　战无不胜的"问题解决力"**

**第五章　就算只有一个部下也要发挥"领导力"**

## 本书出现的丰田术语解说

【班长、组长、工长、科长】
本书中出现的丰田编制。"班长"是从入职十年左右的员工中选拔出来的工作现场的领导，手下管理10名以下的员工。管理几名班长的是"组长"，管理几名组长的是"工长"，管理几名工长的是"科长"。现在丰田的职位称呼有所改变，"班长"变为"TL"（Team Leader），"组长"变为"GL"（Group Leader），"工长"变为"CL"（Chief Leader）。

【丰田生产方式】
通过彻底消除浪费来降低成本，在生产的全部过程中追求合理性的独特制造技术。目的在于以更快的速度给更多的消费者提供品质更高、价格更低的商品。

【自动化】
从丰田佐吉的时代流传下来的丰田生产方式的支柱，"出现异常情况的话，立刻停止机械和生产线"。通过停止生产线来找出出现异常的原因，最终实现改善。在发生异常情况时亮警示灯就是基于这种思考方法产生的。

【just in time】
与自动化并称为丰田生产方式的支柱。消除生产现场的浪费，提高工作效率，"只在必要的时间，按照必要的数量，生产必要的东西"。

【改善】
丰田生产方式的核心思想。全员参加，彻底消除浪费，提高生产效率的组织活动。如今被多数企业所采用，是日本制造业强大力量的源泉。

【5S】
整理、整顿、清扫、清洁、素质，被称为"5S"。5S的目的不只是收拾干净，而是为了更容易找出问题和异常，从而进行改善。

【真因】
导致问题发生的真正原因。解决真因的话问题就不会再次发生。与之相对的，要因指的是在解决之后问题仍然会再次发生的表面原因。

【解决问题的8个步骤】
丰田解决问题的步骤。①明确问题、②把握现状、③设定目标、④找出真因、⑤建立对策、⑥实施对策、⑦确认效果、⑧固定成果。通过这个过程，可以不依靠直觉和经验，通过理论的思考和分析更有效率地解决问题。

【QC小组】
"Quality Control"的简称。自主进行改善活动的团体，在丰田由4~5人构成。全员分别担任leader、书记等职务，为改善职场中出现的问题，以及维持应有状态进行管理活动。

【标准】
根据当前品质与成本方面最佳的做法和条件，通过改善时刻保持进化的方法。操作者需要根据这一方法进行工作。包括工作手册、工作指导书、品质检查手册、刃具更换操作手册等等。都是凝聚了现场操作经验的工作手册。

【现地、现物】
丰田重视现场的思考方法认为"只有去现场才能看到真相"。也就是说要对事物进行判断，必须亲眼确认现场实际发生的情况以及商品、产品本身。

【五大任务】
①安全、②品质、③生产效率、④成本、⑤人才培养。这是丰田的管理监督者在进行现场管理时必须贯彻的工作守则。

【固定成果】
将解决问题的对策作为标准化的管理确定下来。

【横展】
"横向展开"的略称。丰田生产方式的术语，将某生产线或工作现场的成功经验普及到其他类似的生产线或工作现场。

【非正式活动】
以职场为中心的交流属于纵向交流，与其他部门和其他工厂的员工通过交流会和相互学习等活动展开的交流属于横向交流。非正式活动指的就是这些横向交流活动。

【可视化】
通过组织内部共享情报，可以尽早发现现场的问题，并且高效地进行改善。可以通过图表或者表格等各种方法实现可视化。

# 第一章

# 丰田最重要的"工作哲学"

让创意来得更猛烈些吧。

——丰田式自动织机的发明者·丰田佐吉

# 01

## 每个人都是"领导"

在这个世界上，有很多拥有非常强大"领袖气质"的企业经营者。

微软的比尔·盖茨、苹果的斯蒂夫·乔布斯、软银的孙正义等人就是其中的代表。

那么，丰田有没有这样的人呢？

如果是不了解丰田的人，肯定找不出这样的人吧。

确实，对于丰田来说，并没有领袖气质极强的企业经营者。

因为丰田不将员工当作"成本"，而是当作"人才"来对待。

1960年代的丰田还只是一个中小型企业，为了扩大生产规模，丰田从日本各地招聘了很多刚刚中学毕业的年轻人。

把这些年轻人当做自己孩子的丰田的经营者们，不管发生什么事情都绝对不会辞退员工。

所以，丰田将每一位员工都当成"家人"，并不拘泥于一时的结果，而是"用更加长远的眼光来培育人才"，并且形成了这样的企业文化。

像这样的"大家庭主义",正是将员工看做"人才"的丰田的原点。

在这样的企业文化之下,社长与员工之间的差异,只是"职责分担"的区别而已。

丰田的主角,是每一个在现场工作的员工,而社长的职责就是彻底地为员工们营造一个更加有利于工作,更能够发挥自己能力的环境。

曾经在丰田的人事管理部门工作多年的海稻良光(OJT解决方案股份有限公司董事长)这样说道:"丰田虽然没有充满领袖气质的经营者,但在生产现场却有很多充满个人魅力的主角级人才"。

"在丰田的工作现场有'班长''组长''工长'等领导,他们作为团队的核心带领组织前进。这些人就是丰田真正的领导。而丰田之所以能够连续不断地培养出这样的人才,正是由于拥有'用更长远的眼光来培育人才'的企业文化。"

## 每个人都带着领导的自觉进行工作

每一个在现场的员工,都将"5S""改善""问题解决"等方法作为自己的工作基础,这样可以使他们更加高效地生产出具有极高附加价值的产品。

丰田的员工们通过现场的工作牢牢地掌握这些方法，提高自己工作的附加价值。然后，他们会作为领导将这些知识和经验传给下一代。就这样，丰田确立了一代一代培养现场领导的方法。

这一系列的过程，在实现员工自身成长的同时，也使公司不断地成长。

"我只是一个小员工。"

"按照上司的指示去工作很轻松。"

在丰田绝对不会听到这样的话。

因为只是被动地工作，无法提高工作的附加价值。

就算没有管理职务的头衔，但只要有一名部下或者一个后辈，也必须发挥出自己的领导能力，一旦接到项目时立刻能够成为一名优秀的领导。为了能够在自己负责的工作范围内承担相应的责任，每个人都必须成为领导。

带着"自己是领导"的自觉来对待工作，这一点是非常重要的。

## 02

# 站在上司的上司的立场看问题

在丰田，经常要求员工站在上司的上司的立场上看问题。

比如班长，不能站在上司组长的立场上，而应该站在组长的上司工长的立场上看问题。组长的话要站在工长的上司科长的立场上看问题。总之关键在于要站在比自己现在的位置更高的立场上看问题。

OJT解决方案股份有限公司的董事长海稻良光以前就经常听到上司这样说。

当时只有二十多岁的海稻在丰田的人事管理部门工作，当听到上司对他说"请站在人事科长的立场思考问题"的时候，着实吓了一跳。

比如，当公司内部出现人事变动的时候。

## 站在上司的上司的立场看问题

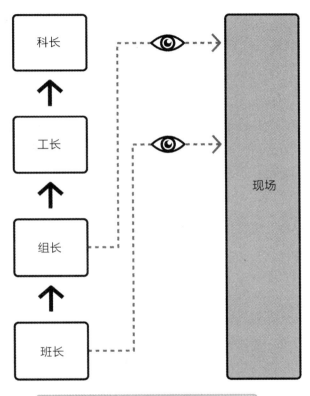

班长站在工长，组长站在科长
的立场看问题

如果只是事务性地告诉对方科长"你们科的A先生要调到别的科去",那么对方肯定很难接受。尤其A先生作为一名优秀员工的时候更是如此。

在这种情况下,即便自己只是人事管理部门的一名普通员工,也必须以"自己是人事科长"的态度进行工作,否则无法使对方接受这个人事变动。

如果站在科长的立场,就可以通过"人事变动后部门应该如何调整""A先生作为候补干部应该如何培养"等中长期的视角,来说服对方科长接受公司的人事变动。

"站在上司的上司的立场看问题"对于工作的改善也有着非常重要的作用。

如果只站在自己的立场看问题,那么做出的改善只能停留在现状的延长线上。最终不管怎么看都只能觉得"再也没有任何改善的余地了"。

但是,如果站在更高的立场看问题,之前的看法就会发生彻底的改变,产生出崭新的想法。

比如在思考"生产效率提高2倍""不良率降低为零""准备工作的时间减半"等3~5年后的目标时,如果站在更高的立场上思考改善方案,进展会意外地顺利。

如果你只是一名普通员工,那就站在科长的立场思考工作。如果你是科长,就站在部长的立场思考工作。如果你站在"上司的上司"的立场思考问题，就会知道上司为什么会给你安排这样的工作，上司存在怎样的问题意识。如果你能够时刻意识到"科长的话会做出怎样的判断""部长的话会有怎样的烦恼"之类的问题，那么你做出的工作一定会让周围的人刮目相看。

不仅在公司内部，在接待客户的时候也是一样，如果能够站在比自己更高的立场看问题，可以极大地改善工作成果。

我们经常听到"站在顾客的立场思考问题"。虽然这种说法在某种意义上是正确的，但却并不全面。

只是站在顾客的立场思考，并不能够完全满足顾客的需求，应该站在比顾客更高的立场思考，然后站在顾客的立场与顾客交流。只有同时拥有这两种立场，才能够提供出令顾客满意的商品和服务。

# 03

## 思考"我的工资从何而来"

你的工资是谁给的？

你的上司？
你的社长？
你的公司？

都不是。

指导师堤喜代志在年轻的时候也被上司问到过"你知道你的工资是谁给的吗"。

堤当时回答说"是科长。不对，是公司"，但上司却这样说道："错了，是顾客。正因为顾客买了汽车，我们公司才有钱来生产更多的汽车继续销售。你的工资是顾客给你的。"

上司对堤说，你并不是为公司生产优质的产品，而是为顾客生产优质的产品。

后来堤作为指导师对企业进行指导时，也会询问企业的员工"你的工资是谁给的"。

结果，那些员工也像从前的堤一样，做出"部长""公司"之类各种各样的回答。

于是堤就会告诉他们说，"我年轻的时候也是这样认为的，但实际上并不是。我们的工资是顾客给的。"这样一来，员工就会改变对工作的态度和做法。


## 工资是顾客给的

在丰田，有"工作中的五大任务"，堤在进行指导的时候也经常会对这五大任务进行说明。

这五大任务是丰田的管理监督者必须贯彻执行的工作的基本，具体内容如下：

①安全（创建安全并且便于工作的职场）

②品质（杜绝残次品）

③生产效率（按时按量完成生产任务）

④成本（尽可能降低成本）

⑤人才培养（培养优秀的人才，保留人才）

在对五大任务进行说明时，如果以"工资是顾客给的"为出发点，那么员工们对这五大任务就不会只停留在表面的理解，而会有更加深入的认识。

比如在对某食品生产商讲解"①安全"的时候，可以说"因为工资是顾客给的，所以我们绝对不能够损害顾客的身体健康。安全第一的思考是非常重要的"。

在讲解"②品质"的时候，可以说"因为工资是顾客给的。所以我们不能让顾客感觉商品的质量有问题。品质是非常重要的"。

在讲解"③生产效率"的时候，可以说"因为工资是顾客给的。所以我们必须在顾客有需求的时候提供充足的产品。所以能够满足这一点的生产体制是非常重要的"。

"工资是顾客给的"，这句话适用于任何工作。

以此作为工作的原理和原则，在工作时就不会有任何的懈怠，并且时刻保持"给顾客提供更加优质的商品与服务"的意识。

如何让你的顾客更心甘情愿地掏钱呢？请仔细地想一想吧。

# 04

## 做有意义的"工作"

OJT解决方案股份有限公司的董事长海稻良光在某汽车零部件生产商的工厂里参观时发生了这样一件事。

海稻在现场管理监督者的带领下参观零部件仓库，仓库里的产品堆积如山，通道非常狭窄。在仓库里面有一个员工驾驶着叉车非常灵活地进行着工作。

现场的管理监督者非常自豪地指着那名员工对海稻这样说道："他的驾驶技术很娴熟吧。就算到了角落也不用减速，一下子就拐过去了。"

海稻听到这句话之后感到非常惊讶，叉车驾驶员的驾驶技术确实很棒，但他的工作内容只是将产品从这边运到另一边而已。

这项工作本身不会产生任何的附加价值，所以顾客也不会为这项工作付钱。

创建了丰田生产方式基础的丰田原副社长大野耐一曾经这样说道："要做有意义的工作"。

很多人明明做着没有什么价值的工作，但却整天喊着"好忙，好忙"。他们只是在单纯的"行动"而已，即便身体上的行动看起来很忙碌，但如果不是能够产生价值的生产性的行动，就不能够被称之为工作。

对于绝大多数人来说行动就是工作，但这种想法是错误的。在盲目行动的过程中请停下来仔细地思考一下，"这个行动是不是多余的""这个行动能不能产生附加价值"。


## 对自己来说能够产生价值的工作是什么

假设你是一名家电厂商的员工，负责家电量贩店的销售工作。你每天的工作就是去卖场考察，确认自己公司商品的销售情况，然后去仓库提取缺少的商品补充到货架上。

但是，从卖场到仓库单程需要6分钟，来回就需要12分钟，这实际上是非常没有效率的。

对于销售负责人来说，最重要的工作是什么？

是与卖场负责人沟通交流。尽可能将自己公司的产品摆在好位置，通过提供新产品的情报来获取更多的订单，提高自己公司产品的销量。

从卖场到仓库来回12分钟的路程是没有产生任何价值的浪费。如果把这些时间用来和卖场负责人沟通反而更能够提高销量。

你可以在前往卖场之前事先从仓库里挑选出需要补充的产品，然后前往卖场将需要补充的商品摆放在货架上。这样一来你就不用浪费时间在卖场和仓库之间来回跑了。

忙碌的行动会让自己和周围的人都产生出你正在工作的感觉。但如果这种行动不是能够产生价值的生产性的行动，那么就是"只有行动却没有工作"的状态罢了。

"对自己来说最重要的工作是什么？"

"我应该怎样做才能够创造价值？"

不管做任何工作都应该通过这样的自问自答来提高自己的工作效率。

## 05 做一个"多才多艺的人"

在丰田有"多能工"和"多台工"两种概念。

"多能工"指的是能够操作多种机械的员工，在出现突发状况时，这样的员工能够承担起自己工作范围以外的工作。

"多台工"指的则是能够同时操作多台同种类机械的员工。

丰田非常重视能够操作多种机械的多能工。

这一传统还要追溯到创建了丰田生产方式的大野耐一的时代。

1940年代，大野刚刚来到丰田汽车公司的时候，每一名员工都只能操作自己负责的机械。员工们虽然对自己负责的领域很熟悉，但对其他的机械操作却漠不关心。

于是大野开始思考"员工是不是应该掌握更多的操作知识呢"。

曾经在大野手下工作过的一位指导师就有过这样的经历。他当时的工作是在热处理班中对锅炉进行管理，但这项工作并不需要时刻盯着锅炉。因为锅炉平时都是自动运行的，所以热处理班的员工会前往人手不足的班组帮忙。

也就是说，现场的员工们自觉自愿地将自己培养成了多能工。

像这样除了自身负责的领域之外，对于其他领域的工作也能够胜任的多能工越多，现场就可以根据生产情况将员工合理地安排到比较繁忙的生产线上，也可以更自由地进行人员调整。工作现场的灵活性得到了提高，公司的竞争力也会变得更强。

这种除了专业领域之外还拥有广泛技能的多能工又被称为"T型人才"。丰田人才培养的目标就是同时具备广泛的业务知识（T的横向部分）以及深入的专业知识（T的垂直部分）。

尽管对特定领域十分熟悉的"I型人才"（专家）也非常重要，但在全球化竞争愈发激烈的商业社会之中，拥有广泛的知识，能够与其他领域的人积极进行合作，实现发展目标的人才显得愈发重要。

## 熟练掌握专业知识的同时，也要掌握其他领域的知识

指导师高木新治指出，"掌握广泛的业务知识（成为T型人才）不只是为了公司，更是为了自己。"

"在公司之中，存在只有特定的人才能够完成的专业工作。这对于当事人来说当然是一种优势，但'只有那个人才能完成'的状况，会使当事人变得自大。他的态度会显得傲慢，周围的气氛也不甚融洽，甚至从此停止成长。

"我在焊接现场工作的时候，会将焊接技术很强的部下临时调往其他岗位学习技术。通过学习新技术不但可以培养他谦虚的心态，还可以使他熟悉前后工序的业务知识，加深对焊接工作的了解。结果他的业务知识更加广泛，工作品质也上了一个台阶。"

　　拓宽自己的业务知识，是职场人士增强生存能力的手段。

　　公司会根据自身的经济状况进行人员调整。在这种情况下，拥有广泛业务知识的人才因为能够胜任多种岗位，所以往往会被公司保留下来。

　　另外，能够利用广泛的知识提出综合其他部门力量的创意并且率先执行的人才，公司也会将其视若珍宝。

　　拥有比他人更加优秀的专业知识固然非常重要，但与此同时还必须掌握横跨公司各个部门的业务知识以及与业界相关的信息情报。比如一名在开发部门从事研究工作的人，还需要了解销售的工作和行业的动态。

　　保持这样的心态，才能在今后的商业社会中生存下去。

# 06

## 保证整个"工序"的品质

丰田认为应该"将品质融入整个工序之中"。

指导师近藤刀一这样解释道，"这句话可以理解为'自工序完结（每一名员工都不能给下一道工序制造麻烦）'，也就是说，要在自己的工序中保证品质，不能够出现残次品"。

自工序完结是实现丰田生产方式"just in time"和"自动化"必不可少的思考方法。只有保证生产出来的商品全是合格品，这一效率的生产系统才能够得以实现。

员工在生产过程中以责任感保证品质，只将合格品发往下一道工序。正是这种认真负责的生产态度支撑起丰田的生产系统。

比如在涂装生产线上，如果涂装出现了问题，那么在出厂之前肯定要返工重新涂装。这样一来，会产生出多余的涂装费、干燥费和电费，还要浪费多余的时间与精力。

但是，如果在涂装环节中员工能够仔细检查做到万无一失再将产品送往下一个环节，那么就不会出现上述的那些浪费，甚至不需要最终的出厂检查。

最终的出厂检查工作无法产生任何价值。因为不管检查的精度有多高，都不可能改变产品的品质。如果每一名员工都能够彻底实现"自工序完结"，那么就可以取消最终的出厂检查工作，当然产品的品质也会得到提高。

在丰田有一句话叫做"前工序是神，后工序是客"。

不管任何工作，都有为自己的工作做准备的前工序，也有继续自己工作的后工序。

将残次品发往下一道工序，当然会使后工序出现问题，导致生产线停止。

如果不能够给后工序提供合格的产品，会使很多人产生困扰，而造成的恶果只能由你自己来承担。

心不在焉地工作会出现失误，给后工序制造麻烦。但是，如果带着自工序完结的态度进行工作，就会产生出"这辆车的这个部分是由我生产的"的责任感，从而减少出现失误的可能。

对于办公室的工作来说也一样。

比如上司让你制订计划书的时候，如果你的计算出现错误，那么上司就必须重新进行计算。

如果上司没有发觉到你的计算错误，那么就会给顾客制造麻烦，你的责任就更大了。"出现失误的话会有人替自己改正"的想法是非常不负责任的。

必须在自己的工序中保证自己工作的品质。在提交报告之前必须确认每一个资料的内容准确无误，对每一个数字都进行验算。具有这样认真负责的态度，你的工作信赖度才会得到提高。

## 每个人既是生产者也是检查者

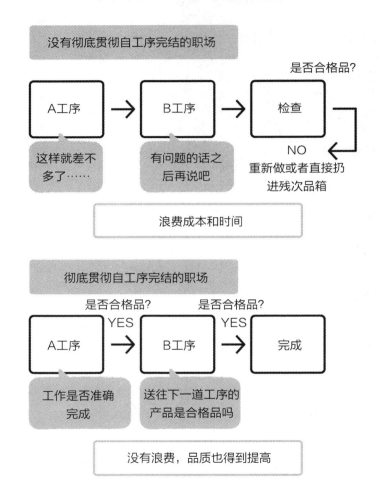

没有彻底贯彻自工序完结的职场

是否合格品?

A工序 → B工序 → 检查

这样就差不多了……

有问题的话之后再说吧

NO
重新做或者直接扔进残次品箱

浪费成本和时间

彻底贯彻自工序完结的职场

是否合格品?　　　　是否合格品?

A工序 →YES B工序 →YES 完成

工作是否准确完成

送往下一道工序的产品是合格品吗

没有浪费，品质也得到提高

# 07

## 耳听为虚，眼见为实

在丰田的工作现场经常会听到这样一句话"耳听为虚，眼见为实"。

耳听为虚就是不要只听"别人"说，眼见为实就是一定要到"现场"看"现物"。

某位指导师在丰田工作的时候曾经有过这样的经历。

机械发生故障，当时身为管理监督者的这位指导师接到员工的报告，然后直接将员工反映的情况上报给了直属上司。

结果上司问了一句"真的是这样吗"，亲自去现场看了看。当上司从现场回来之后对这位指导师说道，"你所说的情况，和现场的实际情况完全不同"。

这位指导师顿时哑口无言。

现场员工所说的情况和现场实际出现的情况不一致的情况十分常见。所以，丰田的管理监督者绝对不会只听部下的报告，而会亲自前往现场进行确认，自己把握现场究竟发生了什么。

信任员工固然重要。但是，当员工出现失误的时候，会不由自主地产生出自我防卫的本能，结果就不会对上司百分之百地说出实情。所以，管理监督者必须亲自前往现场确认情况。

"耳听为虚，眼见为实"这句话，正是基于丰田非常重视的"现地·现物"的思考方法。

也就是说，对事物进行判断时，应该基于现场实际发生的情况，以及商品·产品本身的情况。

所以在丰田，当需要对上司进行报告的时候，一定要亲眼见到实际情况之后才进行报告，否则肯定会被上司看穿。上司在看报告书或者听下属报告的时候会不断地追问"真的是这样吗""你根据什么情况做出这样的结论"。

如果没有把握现地·现物的情况就进行报告，那么就无法明确地提出自己的主张和意见，无法准确地回答上司的询问。而亲自去过现场的人则因为见到了实际情况，所以在发言和回答时都会充满自信，因为他们的主张和意见绝对不是凭空的臆断和推测。当然也更加具有说服力。

## 不亲眼确认"现地·现物"会使判断出现失误

"现地·现物"的思考方法，适用于一切行业。

比如某食品公司生产的调味料A，被竞争对手生产的调味料B瓜分了大量市场。

开发部对调味料A从原材料到口味和品质上都非常有信心，所以很难接受这一事实。

营业部指出"我们的价格与调味料B相比更高，这是导致我们销量下滑的原因。我们应该下调价格"。

开发部的员工认为这并非症结所在，于是亲自前往销售自己商品的超市进行考察，结果发现了一个事实。

销售调味料A的超市都是以卖便宜货为主的大众超市，而调味料A的目标顾客群体是消费能力较强的消费者，但是在消费者经常光顾的高级超市和百货商场里，几乎看到不调味料A的身影。

大众超市的店员这样说道，"我们超市价格便宜的商品销量非常好"。也就是说，调味料A销量不佳的原因并不是因为价格太高，而是因为没有得到目标顾客群体的关注。

在商业现场，经常会将"上司这样说"或者"数据这样显示"作为判断的依据。尽管这些内容也可以作为参考，但如果不去现场确认，那么就很容易做出错误的判断。

关键在于，亲自去现场用自己的眼睛来进行确认。

## 08

# "没有问题"就是最大的问题

　　丰田的生产方式全靠"改善"和"问题解决"（关于这部分内容将在第三章和第四章中进行详细说明）。

　　丰田在创业初期就开始进行"改善"和"问题解决"，如今丰田的这一做法已经成熟到让海外企业都纷纷效仿的程度，甚至说"改善"和"问题解决"是支撑丰田的企业文化也不过分。

　　在丰田，发现问题并且解决问题，是每一名员工的基本技能。

　　"没有困扰就是最大的困扰。"丰田的原副社长，被称为改善之鬼的大野耐一这样说道。换一种说法就是"没有问题就是最大的问题"。

　　不断地重复发现问题进行改善的过程，就是培养人才和使公司发展壮大的过程。

　　但是，很多公司却"明明存在问题却并没有将其看做问题"，对于问题置之不理。

指导师大鹿辰己这样说道，"我在对客户企业进行指导的时候，首先要做的工作就是让对方将问题看做问题。"

比如某客户企业因为无法提高营业额而苦恼。

大鹿询问道"是否掌握销售负责人的工作内容"，对方经理的回答是"他们每天都会写日报，肯定没问题"。

但大鹿在经过仔细询问后发现，事实上有一部分员工并没有写日报。也就是说这个企业明明存在没有通过日报来共享情报的问题，却没有将这一情况看做问题。

这家企业就是因为没有发现这些问题，所以才无法提高营业额。


## 将"能不能更……"作为自己的口头禅

在制造业的现场，一旦出现问题，就会以现物（残次品）的形式表现出来，所以很容易发现问题。

但是在办公室和销售现场，问题是不会像残次品那样明显地摆在眼前的。

比如在销售和服务现场，只要不出现销售额减少或者客户投诉之类的明确现象，就不会被认为有问题。但实际上绝大多数的顾客并不会明确地表达不满，而是直接选择离开。事务性工作的生产效率也很难用数字表示出来。

所以越是在这样的职场之中工作的人，越需要"将问题看做问题"的能力。

如果长时间用同样的方法做同样的工作，那么即便出现问题，也会认为这是理所当然的情况。所以丰田要求员工时刻牢记"没有问题的工作是不存在的"。

任何工作，都可能存在着或大或小的问题。

时刻保持"现在的工作方法是否最佳"的疑问，是发现问题的第一步。

"能不能更轻松？"

"能不能更省时？"

"能不能更少成本？"

"能不能更少浪费？"

像这样将"能不能更……"作为工作中的口头禅，就会更容易发现问题。

# 09

## 改善和问题解决没有终点

　　丰田常说"改善是永恒的"，也就是说改善没有终点，需要改善的地方总是会不断地出现。

　　比如车辆的后车灯，随着时代的变化，车辆在不断发生改变，后车灯的大小和形状也必须随之改变。近年来又开始使用LED后车灯，后车灯的整个生产方式都发生了改变。

　　所以，改善是永远没有终点的。

　　在办公室的工作中也是一样。

　　即便是同样的销售工作，客户不同，工作内容也不同，上司或部下有变化，工作内容也有变化。销售的商品不一样，需要改善的地方也不一样。

　　任何工作，坚持不断地进行改善都是非常重要的。

　　在丰田，一个改善和问题解决的成功并不意味着一劳永逸。因为接下来还有新的改善和问题解决。也就是说，丰田的改善和问题解决，就是不断提高工作成果的过程。

## 面向"应有状态"不断进行改善

丰田将"现状"与"应有状态"之间的差异定义为"问题"。

在进行改善和问题解决的同时,面向新的"应有状态"不断进行改善,可以提高工作的品质和组织的能力。所以改善和问题解决没有终点。

这一点同样适用于其他工作。

假设公司存在"会议冗长"的问题。

为了解决这一问题,公司决定给会议限定一个时间,到时间就强制结束会议。

这样一来"会议冗长"的问题得到了解决,但却出现了会议没有得出结论就草草结束的新问题。

于是面向新的"应有状态"的改善和问题解决开始了。

通过"事先在书面上写下会议议题,同时在会议室的白板上也写下会议议题"的改善办法,会议最终能够在限定时间内得出结论。

当然,这也不意味着结束。接下来还要继续设定"应有状态",提高会议的效率。通过不断重复这一过程,工作的品质就会得到提高。

## 改善永远持续

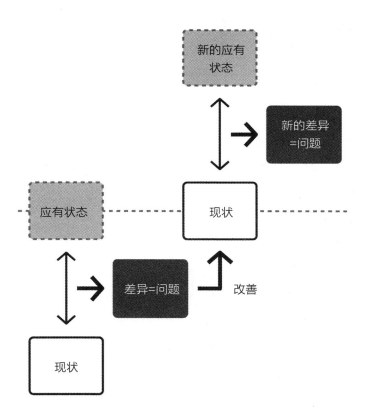

# 10

## 错不在人，在于制度

假设你的孩子为了拿放在碗柜上的杯子不小心将其摔碎了。这时候你应该怎么做呢？

斥责孩子，"下次小心点"吗？

斥责孩子很简单，但这样做孩子下次可能还是会摔碎杯子，甚至可能被破碎的杯子划伤。

如果考虑到孩子的安全问题，你应该采取其他的方法。

比如，将杯子放在孩子轻易就能够拿到的地方。

或者将孩子使用的杯子从玻璃杯换成塑料杯。

这样一来，就不会出现孩子摔碎杯子的情况了。

在丰田有一句话叫做"错不在人，在于制度。"

员工出现工作失误，不应该对其个人进行批评，而应该考虑制度是否存在问题。

指导师山田伸一这样说道，"在丰田，有那种即便你工作出现重大失误也不会斥责你的上司"。

山田曾经因为搞错了尺寸，结果给后工序发去大量的残次品。后工序的人当然因此叫停了生产线。

一般情况下，上司肯定会非常愤怒地斥责"山田！你在干什么？给我认真地工作"，但当时山田的上司并没有这样做。

"出现大量残次品的原因是尺寸搞错了。必须认清这一点。"

山田的上司非常仔细地对他说明了出现错误的原因。

即便是非常明显的因为员工个人的原因出现失误的情况，丰田的上司也绝对不会批评员工。

上司认为"因为（自己）没有让部下彻底执行应该做的工作，所以才会出现残次品"，也就是说，是因为上司的失误导致出现残次品。

后来当山田成为上司之后，也认为"出现残次品的时候，责任不在部下，而在（身为上司的）自己身上"。


"错不在人，在于制度"不但对于领导来说是一种非常重要的态度，也是同样适用于一切职场人士的思考方法。

比如，当你制作的资料中存在很多错误的时候，很多人都会想着"下次注意"就这么算了。

但如果思考一下制度就会产生出"提交资料之前必须进行校对""提交资料之前让同事进行检查"之类的想法，这样就可以大量减少错误。"都是××的错""是我的责任"，像这样将错误归咎于个人身上，永远无法减少错误。

一切问题的出现都是有原因的。如果不能找出这个原因，对其进行改善并且防止其再次出现，那么同样的问题就会重复出现。

　　斥责个人很简单，但如果不能够将目光放在本质上，问题就永远无法得到解决。

# 11

## 用生产来降低成本

一提起丰田，很多人首先想到的或许是"削减成本""降低成本"。

某位年轻时曾经担任丰田组装工程师的指导师，他在丰田工作时经常听到的一句话就是"哪怕1日元也要尽可能地节省下来"。

但请不要误会，这绝对不意味着吝啬。

如果为了节省1日元而购买便宜的材料，结果这个材料很快就坏了，或者导致品质下降，那么这种节省是毫无意义的，反而还会增加成本。

在丰田的生产现场工作的人，绝对不是想尽一切办法降低采购成本的"生意人"。

丰田的生产方式以"用生产来降低成本"作为最基本的思考方法。

所以，生产价格更低的产品就是丰田员工的工作。

比如需要削减成本的时候，丰田绝对不会考虑购买更加廉价的材料，而是考虑如何"提高材料的使用寿命"。就算购买价格更高的材料，如果能够将产品的使用寿命延长2倍，甚至3倍的话，那么从长远的角度来说还是实现了成本的削减。

## 压低采购价格会使自身也陷入困境

在丰田，为了降低成本，生产现场的员工们会自己对损坏的设备进行修理，使其能够再次投入使用。因为在设备上投入金钱，就相当于增加了成本。

所以丰田首先选择修理而不是重新购买。重视现有资源，坚持使用现有资源，是丰田坚持贯彻的思考方法。

或许在你的公司里，上司也在不厌其烦地强调"降低成本"吧。

但是，你的公司选择用什么样的方法来降低成本呢？

或许"压低采购价格"是最简单的方法。

但是，这种方法谁都能够做到，从长远的角度来说，压低采购价格会使供应商的利润减少，可能会导致其产品的品质下降，而最终受损的是你的公司。

所以，首先应该考虑的是如何在自己的职场之中降低成本。

是否可以改变生产方法，是否可以更换材料，是否可以调整人员，是否可以改变工作流程，可以试着从各种角度来进行分析。这样一来工作现场会更加充满活力，公司也会变得更加强大。

# 第二章

# 丰田工作法中的 "5S" 管理

**在现场进行思考，在现场进行研究**

——丰田汽车工业创业者·丰田喜一郎

# 12

变"费"为"宝"

请观察一下你的办公桌周围，是不是这样的一种状态。

找出所需的资料需要花费10秒以上的时间。

有一周以上没有用过的文具。

无法立即说出抽屉最深处放着什么东西。

桌面上摆着一个月以上没碰过的资料。

电脑桌面上摆满了文件。

哪怕只有一条符合，对于你的工作来说都是一种浪费。

丰田将浪费定义为"无法提高附加价值的现象和结果"，并且坚持彻底消除"7种浪费"：①过度生产浪费、②等待浪费、③搬运浪费、④加工浪费、⑤库存浪费、⑥动作浪费、⑦残次品浪费。

比如"③搬运浪费"。

如果一个频繁使用的东西被放在很远的地方，那么来回搬运这个东西的时间就是一种浪费。因为来回搬运这个东西的时间没有任何价值。

办公室经常使用复印机，如果复印机不在身边的话，那么这里就会产生出浪费。另外，频繁使用的文具如果不在手边，就不得不每次都去专门取用。

"⑤库存浪费"的现象也同样存在。

"存放东西"必然需要空间。办公室也好仓库也好，空间都不是免费的。如果东西放在里面总也不用，那么成本就会不断增加。

在你的办公桌周围是否堆积着很多几乎不用的东西和纸盒箱呢？将这些东西收拾掉，你的办公空间就能够得到更加有效的利用。

## 不懂得收拾的人也无法取得工作成果

在办公室，"⑥动作浪费"是非常严重的问题。

上司让你"把那个资料拿来"，结果你却怎么找也找不到，这种情况很常见吧。或许你觉得"这点时间并不算什么"。但如果你每天都花30分钟来找东西呢？

如果你一个月工作20天，一年就有7200分钟（600分钟×12个月）在找东西，也就是说你浪费了整整5天的宝贵时间用来找东西。

正如"时间就是金钱"这句话所说的一样，不重视小的时间，就会造成大的利益损失。

还有"⑦残次品浪费"。

在生产现场，如果不进行打扫和整理，就有可能出现使用错误零部件的情况。最终导致出现品质不良和客户投诉等重大问题。

在办公室也是一样，如果大量的资料都混在一起，可能会使你带着错误的资料去开会或者见客户。

如果电脑中的文件名乱七八糟，那么你在发邮件的时候可能会添加了错误的附件，导致出现严重的问题。


越是不懂得收拾的人，工作中出现浪费的情况就越多，自然无法取得工作成果，这是众多丰田人经过常年的亲身经历总结出来的经验教训。

通过整理整顿，可以大幅减少这些浪费，为自己的工作创造出一个能够取得利益的环境。

请从这个角度来观察一下你的办公桌或职场吧。在你的身边一定也隐藏着名为"浪费"的"财宝"。

# 13

**工作就是整理和整顿**

丰田的"5S"就是一种变浪费为财宝的技术。

5S指的是以下5个由S开头的词语（日文中S开头），也是丰田在维持和改善职场环境时最常使用的口号。

整理（Seiri）

整顿（Seiton）

清扫（Seisou）

清洁（Seiketsu）

素质（Shitsuke）

5S作为行之有效的改善方法，除了日本之外还得到了全世界企业的关注，成为包括丰田在内的一切生产现场每天坚持贯彻的基本准则。

特别是"整理"和"整顿"，通过认真执行这两点，可以消除工作中的浪费，提高工作效率。

许多指导师都说，"当我对现场进行指导时，首先都从'整理'和'整顿'入手"。

在某公司的生产现场，墙边摆着很多储物架，在这些储物架上堆着很多长期不用的东西，还有明明只需要一个就够的零件或工具，却摆着两三个。

于是指导师让员工清理掉不需要的东西，只摆放有用的东西。多余东西清理掉之后有几个储物架空了出来，也被直接清理掉了。

结果大家发现储物架的后面原来是一扇窗户，包括工厂长在内的员工们全都惊讶地说"原来这里有一扇窗户啊"。由此可见他们一直以来都不知道这里有窗户。

通过整理和整顿，可以消除被浪费的空间，只使用最低限度的零件和工具来进行工作，可以提高工作效率。结果这家公司不但大幅缩短了生产时间，而且成功削减了300万日元的成本，极大地提高了生产效率。不仅如此，残次品的数量也大幅减少，产品的品质得到了提高。

很多指导师都有这样的经验，只是执行了5S之中的最初两条"整理"和"整顿"，职场的效率就得到了大幅度的提高，使得公司能够顺利地取得成果。


## 整理和整顿能够提高工作效率

5S是适用于任何职场的思考方法。

不管任何规模的企业、任何行业或者任何职业，甚至在办公室之中，5S也能够发挥效果。如果非要说在工厂和办公室之间有什么区别的话，大概也只是工具和钢笔的区别吧，仅此而已。

在办公室实践丰田流的5S，一定也能够减少浪费，提高效率。

创建资料；

寻找资料；

提交订单；

处理邮件。

通过消除这些工作中的浪费，可以提高工作的效率，将时间节约下来取得更多的成果。

如果在办公室内不进行整理和整顿，就会出现"无法立即取出资料""东西很快就找不到了"等浪费，在时间和成本等方面出现损失。

或许有人觉得这种程度的浪费无所谓。但因为整理和整顿是每天都应该进行的工作，所以如果一直不进行整理和整顿，那么无用的东西只会越积越多。如果不立即进行整理和整顿，那么这种浪费就会出现在将来的每一天。

从这种意义上来说，5S就是工作。

或许很多人认为"整理和整顿与工作是不同的""整理和整顿就是让职场和办公桌变得干净、漂亮"。

但丰田却将5S看做是工作的一部分，是工作的一环。

# 14

## "整洁"不是终点

很多人对整理和整顿存在误解。

很多人认为只要看起来干净、整洁就是整理和整顿。这样的人根本不知道整理和整顿的目的何在。

单纯把东西摆放的整齐，只能算是"整洁"而已。

比如，在对书架进行整理和整顿的时候，按照书本的大小来进行归类，或者将存放资料的文件夹按照大小和颜色来进行归类。乍看上去确实很整洁，很多人认为这样就足够了。

但实际上，没有扔掉多余的东西，只是将东西从左边换到右边的行为，在丰田并不算是整理和整顿。

整理和整顿并不只是"让周围变得整洁"。

丰田的整理和整顿并不以"整洁"为终点。

丰田对整理和整顿的定义其实非常简单。

整理＝将"需要的东西"和"不需要的东西"分开，将"不需要的东西"扔掉。

整顿=能够将"必要的东西"在"必要的时间"以"必要的数量"取出来的状态。

虽然只有非常简单的两句话，但丰田整理和整顿的精髓都凝缩在这短短的两句话之中。

将现有的东西重新摆放，或者全都收拾规整，只是表面的整洁而已。或许周围人会称赞说"好整洁啊"，但这样做并不能够提高工作的成果。

只留下真正"需要的东西"，然后将这些东西在"必要的时间"有效地利用起来，只有这样做才能够提高工作的生产效率。

# 15

## 10秒以内取出资料

如果能够做到整理和整顿，就可以消除工作中的浪费。

指导师山本政治这样说道，"我在丰田工作的时候，保证能够在10秒以内取出所需的资料是不成文的规定"。

也就是说，如果上司让你"把那个资料拿给我"，你必须立刻拿出资料，否则就是对寻找时间的浪费。

请检查一下你桌面上堆积如山的资料吧。其中有多少是你在今天的工作中要用到的呢？大概今天的工作中要用到的只有其中一部分，而其他绝大部分都是用不到的吧，甚至还有一年都没有用过的资料。

整理和整顿的铁则就是"不在办公桌上摆放今天用不到的东西"。

资料也好、文具也好，只要是今天用不到的，就全都收起来，而且在下班的时候办公桌上要空无一物。这就是最理想的状态。

有些在丰田的工作现场担任科长职务的人拥有500名以上的部下，但在这些人中，有只需要一张办公桌和3个文件柜就可以进行工作的猛人，而且他们在办公桌上只摆着一个电话。

很多担任管理职务的人，在工作时间的办公桌上只摆放当天要用的资料和电脑，下班后的办公桌上干干净净，而且在他们的文件柜里，只有12个A3大小的文件夹，摆放的非常整齐。

一般来说，"部下增加了，工作增加了，物品就会增加"。但丰田人的工作方式却与之完全相反。因为所持的物品越少，工作的生产效率越高。

请看一看你身边的职场吧。越是办公桌上杂乱无章的人，工作的效率就越差，还很容易出现问题。相反，办公桌上井然有序的人，工作起来也是井井有条。

# 16

拥有"舍弃的基准"

接下来的内容进入实践篇。

首先让我们从"整理"开始。

将眼前的东西分成"需要的东西"和"不需要的东西",然后将"不需要的东西"扔掉。这就是整理的基本。

但是,很多人都不擅长扔东西,这些人的理由是"或许总有一天会用到""不知道应不应该扔掉"。

他们之所以不擅长扔东西,就是因为无法判断这件东西"是不是真的有必要"。

某位指导师在前往某建筑公司的事务所进行指导时发现了这样的情况。

在工程监督的办公桌上面堆满了各种各样的资料,而且在周围还有许多纸盒箱子里面都装满了资料。

工程监督每天都忙于制作资料和进行检查,完全没有时间前往现场。所以他的工作很难按照预定时间进行,而且也经常出现问题。

指导师认为出现问题的原因在于"不需要的资料"太多，于是询问对方"资料的保存期限是多久"。

按照这家建筑公司的规定，资料的保存期限是5年。但指导师经过进一步询问后得知，5年的保存期限是在公司申请ISO（国际标准化组织）认证的时候为了应付差事而做出的规定，实际上并没有明确的根据和必然性。

工程监督说，"ISO的管理顾问们建议我们将这样的资料保存5年"。

这家公司只是因为管理顾问们的一句话，就做出了资料保存5年的规定。尽管在制订规则的时候确实有必要参考相关的法律制度，但更重要的是根据自身的情况来进行分析和判断，由自己来制订相关的规则。

像这样的问题实际上在任何职场之中都经常出现。

比如原本只打算保留一年的资料，结果等再次发现的时候早就过去了好几年。另外，在电脑上保存太多的无用数据，导致关键性的文件难以找到，使电脑的运转速度变慢等情况也十分常见。

只要你仔细地观察一下自己的周围就会发现，那些因为莫名其妙的规定而保留下来的东西，实际上有很多都是"不需要的东西"。

如果这些"不需要的东西"占据了本来就有限的工作空间，影响到了你每天的工作效率，那就是极大的浪费。

在你的办公桌上或者电脑里面，很有可能也存在着和上述那位工程监督相同的情况。

以"是否真的有必要"为判断基准，给自己制订一个"舍弃的基准"，这样你才能够真正地开始扔东西。

## 17

**给时间定个期限**

那么，我们应该以怎样的判断基准来扔东西才好呢？

丰田以"时间"为判断基准，将东西大致分为三类。

①现在要用的东西

②将来要用的东西

③永远不会用的东西

①现在要用的东西，就是今天或者明天要用到的东西。

如果是在生产现场，那么就相当于正在生产的产品的零部件或者必不可少的工具等等。如果是在办公室，那就是与现在进行的项目相关的资料之类。

这些东西如果不在手边的话就无法立即展开工作，会给你带来困扰。

对于③永远不会用的东西，处理起来非常简单。

原则就是立即处理掉。

毫不犹豫，立刻扔掉。


前面两个都很好理解。

问题在于②将来要用的东西。

环顾我们的周围，到处都是"将来要用的东西"。

"这个资料将来可能有用""这个文具将来可能会用"，我们总是会产生出这样的想法。

对于"将来要用的东西"，我们必须要问一句"什么时候会用"。也就是说给这个东西制订一个使用的期限。

一周之后、一个月之后、三个月之后、半年之后……必须像这样根据东西和工作的种类来确定一个期限。

一旦确定了期限之后，就可以将这个期限作为"需要的东西"和"不需要的东西"的判断基准。

比如你的同事交给你一份工作资料。很多人会想着"或许将来能用得上"而将这份资料堆在办公桌上。但实际上这种时候你需要问一问自己："什么时候能用得上"。

丰田对任何东西都有一个非常明确的保管期限。

当到期的时候如果这个东西一次也没有被使用过，就会被作为

"不需要的东西"而自动处理掉。

对于"②将来要用的东西"必须规定一个期限，如果过了这个期限这个东西还没用过，那就将其归类为"③永远不会用的东西"直接扔掉。

只要遵守这一原则，就可以消除你周围的浪费。

# 18

**缩短期限**

那么，"将来要用"的期限，应该如何设定才好呢？这也是一个很让人头疼的问题。

对于不习惯扔东西的人来说，或许会随便地设定"一年后"之类的期限吧。

但实际上，保管时间越短东西就越少，保管时间越长东西就越多。

如果想要进行彻底的整理，那么就应该将保管时间设定的尽量短一些。

在丰田，一般都是以一周或者一个月为单位作为保管期限。

如果"将来或许有用的东西""过了一周也没用……""过了一个月也没用……"，那么就会被看做是"不需要的东西"。

在不同的职场，规定保管期限的方法也不一样。

但有一点是共通的，那就是将期限尽可能地缩短。这样才能够真正地减少浪费。

## 越是重要的资料越需要制订期限

如果能够将期限规定的恰到好处，那么就能够在"完成的同时将资料处理掉"。

每当一个项目或案件结束的时候，就将相关的资料全都扔掉。

指导师浅冈矢八曾经在丰田的技术部任职，常年进行新车的开发工作。因为他的工作就是开发前所未有的新车型，所以经常要制作和保管机密资料。

机密资料按照重要程度分为几个级别，只有拥有相应阅览权限的人才能够取阅，不同级别的机密资料管理方法也各不相同。

虽然这些资料的数量非常庞大，但是因为都会在"使用完毕之后处理掉"，所以当资料涉及的内容商品化之时，就意味着这些资料到了保存"期限"，会被立即扔进碎纸机中处理掉。正因为有着这样的规定，所以在技术部的职场中才没有出现资料堆积如山的情况。

这个方法对于在办公室工作的人来说也是值得参考借鉴的方法吧。

如果总是想着"以后再处理""攒多了一起处理"，结果很容易一直拖着最后不了了之。

正所谓趁热打铁，如果能够彻底执行"使用完毕之后处理掉"的做法，那么你的办公桌上就不会出现资料堆积如山的情况。

# 19

**清理要彻底**

办公室最具有代表性的难以处理的东西，非名片莫属。

"虽然名片夹里收着许多名片，但只看名字根本想不起这人长什么样"，或许很多人都是这样吧。

对于丰田式的整理法来说，名片也无法摆脱被处理的命运。因为保留没有用的名片，不会提高生产效率。

指导师土屋仁志这样说道，"一年都没有使用过的名片应该处理掉"。

如果一年都没有来往，那么之后会有来往的可能性也很小。这就是现实。

就算把名片扔掉之后又需要与那个人取得联系，可以问问公司里的其他人知不知道那个人的联系方式，或者直接给对方所在的公司打电话，总之一定会有联系上的办法。

当然，名片的保存期限，根据职业和公司的不同也会有所区别。只要按照自己的实际情况给名片也规定一个保管期限，就不会出现被不需要的名片占据名片夹空间的情况。

## 越是难以扔掉的东西越需要制订规则

与名片一样，在办公室，整理邮件也是一件烦心事。

如果不对邮件进行整理，收件箱里会被邮件堆满，可能会导致忘记回信或者没有及时看到新邮件等意想不到的麻烦。

有时候想要找一封特定的邮件也需要浪费更多的时间。

邮件也和其他的东西一样，应该将不需要的邮件扔掉。

在丰田工作时拥有几百名部下的指导师中岛辉雄这样说道："我每天上班的时候都会收到接近100封邮件，我在读完和回复完之后会将这些邮件全部删除。"

这或许是一个非常极端的例子，但按照一定的判断基准将不需要的邮件处理掉确实是非常重要的。

"垃圾邮件全部删除。"

"超过一年的邮件全部删除。"

当然，一些作为记录有必要保存下来的邮件还是应该保留的。但在制订了处理的规则之后，就要毫不犹豫地将符合条件的邮件删掉。

那些将有用的邮件和没用的邮件混杂在一起，没有制订邮件删除规则的人，现在立即着手对邮件进行整理，提高自己的工作效率吧。

# 20

**清理时要有先后顺序**

　　像文件和资料之类的东西，如果不下意识地对其进行整理，就会随着时间的推移在你的桌子上越堆越多。

　　那些被压在最下面的文件和资料很容易被人遗忘，结果导致重要的事情没有及时处理。

　　东西越堆越多确实不是一件好事，所以在进行整理的时候，最重要的就是如何避免出现这种情况。

　　丰田有一个方法叫做"先入先出"。简单说就是当获得相同的东西时，优先使用先得到的那一个。因为任何东西随着时间的推移都可能出现劣化，甚至最后变得无法使用。所以应该从旧的东西用起避免浪费。

　　在进行整理的时候，也要严格按照"先入先出"的方法来进行。比如这个插图，如果总是像上半段那样从新得到的东西开始用，那么下面的东西就会被一直压在下面，永远得不到使用的机会。最后因为过期无法使用而造成浪费。这就不是"先入先出"，而是与之相反的"先入后出"。

但是，如果像下半段那样按照先入先出的顺序来使用的话，就能够减少手头的存货。

手头的存货越少，流动的速度就越快，不会出现滞留的情况。这样的环境也更利于我们进行整理。

自己周围的物品，是从什么地方来的，应该如何进行管理，按照什么顺序流出，掌握这些问题是非常重要的。

## "先入先出"就不会让"不需要的东西"越堆越多

【错误的例子】

先入后出

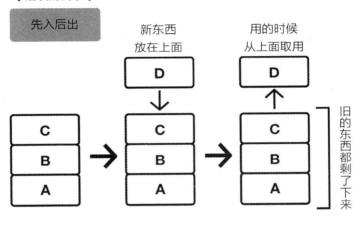

新东西
放在上面

用的时候
从上面取用

旧的东西都剩了下来

【正确的例子】

先入先出

将东西分成两列从
A列的上面开始取用

A列用完后从B列的
上面开始取用

使用B列的时候对A列进
行补充，B列用完后再次
从A列的上面开始取用

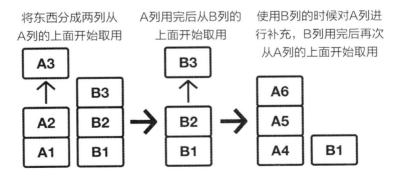

## 从先得到的资料开始处理

先入先出的方法也同样适用于对办公桌及其周边进行整理。

如果你的办公桌上堆积了很多文件和资料，那就准备一个文件架将办公桌上的资料整理到一起，规定一个资料的入口。

每天你都按照资料放入文件架的顺序对这些资料进行处理。如果有"①不需要的资料"，那就立刻处理掉。如果有"②需要保存的资料"那就将其放入分类文件架。

如果有"③暂时不需要的资料"，那就将其按照项目整理到统一的文件袋里放回文件架上。

这时只要在文件袋上贴一个像"10月12日之前处理""等待××部长的回复"之类的便签，就可以避免出现忘记处理的情况。

像这样从先得到的文件开始进行处理，下班的时候将文件架上的文件都处理完毕，就不会出现办公桌上文件和资料堆积如山的情况。

## 21

**给东西固定位置**

　　当通过"整理"将不需要的东西处理掉，只留下需要的东西之后，接下来就要进行"整顿"。

　　整顿的目的是将"必要的东西"在"必要的时间"以"必要的数量"取出来。换句话说就是"给东西固定位置"。

　　因为在生产现场都是集体工作，所有的工作都需要由许多人合作完成。所以，为了让多数人都能够使用，生产工具必须有一个固定的位置，使用完毕之后也必须放回原处。

　　假设有一个人使用了扳手，用完后随手放在一边。对于这个人来说或许并没有什么问题。因为只要他能够记住扳手放在什么位置的话就可以再次取用。

　　但是如果连续使用多个扳手的话，就算是当事人也会出现记忆的混乱，而且如果接下来别人也想使用扳手，而扳手却没有一个固定的位置，使用起来就会非常的不方便。想要使用扳手的人必须先去寻找扳手，这会造成时间上的浪费。所以丰田非常重视整顿。

整顿的原则就是让任何人都能够找到。

比如妻子不在家的时候，丈夫连自己家的东西放在哪都不知道，这是很常见的情况。如果妻子在收拾房间的同时，还让丈夫也知道东西都放在哪里，这就是整顿。

以冰箱为例，每天做饭的妻子对于冰箱里物品的摆放位置可以说是了如指掌，但除了妻子以外的其他人，要想从冰箱里一下子找出想要的东西却并不容易。打开冷藏室、打开蔬菜格、打开冷冻室……好不容易买了节能冰箱，结果敞着冰箱门找东西找了一分钟，完全是浪费电。

如果在冰箱门上贴一个便签，写上冰箱里食材摆放的位置，那么任何人都能快速地从冰箱取出想要的东西。

或许在家庭中并没有做到这种程度的必要，但在许多人一起工作的公司里，很有必要将办公用品和工具固定在一个谁都知道的位置。

在职场中，只要以"固定一个让任何人都能够在30秒内找到的位置"作为基准，就能够实现整顿。

## 利用整顿来提高团队实力

在办公室也一样。

办公室的工作绝大多数也需要多人合作，每个人都在团队中进行工作，每个人的工作都是相互联系的。

如果重要文件的保存场所只有管理者一个人知道的话，那么一旦这个人外出或者生病不在公司的时候就会很麻烦。其他人只能把堆积如山的资料翻个底朝天来找出想要的东西。

指导师柴田毅在对某企业进行5S指导的时候，发现该企业采用一种名为"复任制"的制度。所谓"复任制"，就是一项业务安排一个主要负责人和两名副手，当主要负责人因为休假或者出差无法对应客户的时候，就由副手来进行对应。

但实际上这一制度却是形同虚设，因为只有主要负责人知道关键资料和手续的保管位置。

这样一来，当顾客发来手续的时候，副手根本不知道关键资料的保管位置，结果束手无策。就因为没有充分地进行整顿，导致好不容易确立的"复任制"无法得到灵活的利用。

在职场之中，团队合作是非常重要的。

如果能够通过整顿实现"就算自己不在，其他人也能够在必要的时候找到必要的东西"，就可以更好地发挥出团队的力量。

# 22

**给东西标明住址**

在给东西决定位置的时候，可以将工厂或者办公室看成一个街区。

将整个工作空间划分成纵横相连的区域，这样就能够明确东西所在的位置，比如"××在×街×号"。

每一样东西都拥有自己的"住址"，"××的会议资料在1街1号"，"灾害发生时的应急食品在4街3号"。

在向其他人说明物品所在地的时候，不能模糊地说"在那边"，而应该明确地指出位置。如果能够在职场中标明东西的住址，那么任何人都能够找到想要的东西。

像这样给东西标明住址的方法，在丰田被称为"决定居住地"。

在办公室之中，"给东西标明住址"的思考方法，在进行整顿的时候也发挥着非常重要的作用。


办公桌右上的抽屉里，放着文具和事务用品。

办公桌右下的抽屉里，放着正在进行的工作文件夹。

办公桌左上的抽屉里，放着账票。

办公桌左下的抽屉里，放着保存的资料文件夹。


像这样在给东西决定位置的基础上，还表明哪个抽屉里放着什么。不但可以防止"一有多余的空间就把它塞满"的情况出现，还可以防止不知道东西放在什么地方的情况。不必费力寻找自然减少了时间上的浪费。

"给东西标明住址"，在对电脑桌面上的文件进行整顿时也是非常重要的思考方法。

我们经常会见到在电脑的桌面上摆放很多文件的人。

电脑文件和资料一样，费力寻找完全是对时间的一种浪费。要想在桌面上几十个文件里一下子找出想要的那个文件，实在是非常困难的。

所以我们应该通过给文件也标明住址的方法来进行整顿。

关键在于将文件分别放在"大分类""中分类""小分类"这三层的文件夹里。这样一来就可以在短时间内找到所需的文件。

作为入口的大分类的文件夹适当地摆在电脑桌面上也无所谓，但不要摆放的太多让人一下子难以分辨。

如果以"电脑桌面上摆放的文件夹最多不能超过三行"为基准，那么看起来就会一目了然了。

另外，如果在每一个文件的文件名上注明日期、公司名或者顾客的姓名、文件内容等详细的信息，也会更加便于寻找。

# 给东西固定位置

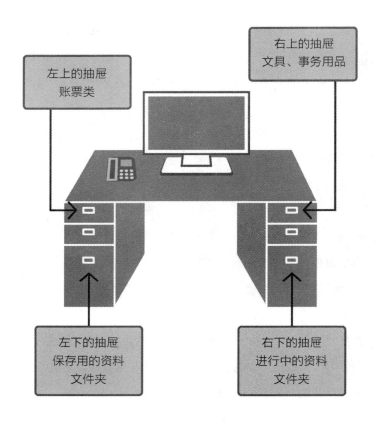

左上的抽屉
账票类

右上的抽屉
文具、事务用品

左下的抽屉
保存用的资料
文件夹

右下的抽屉
进行中的资料
文件夹

# 23

## 做好标识

　　明明决定了"这个抽屉用来放文具"，但不知何时里面却堆满了其他的东西，结果文具只能另外找地方存放。你有没有过这样的经历呢?

　　一旦整顿开始出现混乱，接下来就会越来越乱。

　　如果整顿出现混乱，应该思考是不是摆放的场所和摆放的方法有问题。

　　最常见的例子就是"不知道东西应该放回何处"。

　　明明打算将东西放回原处，但如果不能一下子找到应该放回的地方，或者不知道应该怎么放回去，那么整顿就很容易出现问题。

　　丰田为了防止出现这种情况，会采取"在存放地点做一个醒目的标识"的方法。

　　在架子上最显眼的地方贴上"A零件""B零件"等标识。

　　如果是在办公室的话，可以在抽屉或者文件柜上贴上"顾客A的相关资料""顾客B的相关资料"等标识，这样就不会不知道应将文件放在什么地方了。

　　丰田常用的"做标识"的整顿方法，同样适用于办公室。比如丰田会在存放扳手的地方摆放一张扳手的图片或者照片。用这样的标识来表示东西的存放地点，用完后应该放回何处也就一目了然了。


## 在存放地点贴上文具名称也可以

　　这种"做标识"的方法还可以应用在个人的办公桌上。

　　透明胶在右侧里边。
　　小打孔器在右侧外边。
　　订书器在左侧里边。

　　像这样决定东西的摆放位置之后，在把东西放回去的时候就会很准确地放回原来的地方。同时如果在规定的位置摆放其他东西的话会让人感觉很别扭，从而避免胡乱摆放的情况，使你更容易保持整顿的状态。
　　如果不方便用图片来做标识，在存放的位置贴上写有"透明胶""打孔器"字样的纸条也可以，一样可以起到明确存放地点的效果。

当然，这些方法还可以应用在对资料和文件的管理上。在用来存放资料和文件的文件柜以及抽屉上贴上写有"销售会议资料""A公司资料"字样的纸条，可以使整顿变得更加容易。

## 利用"标识"来明确存放场所

存放文具时的状态

文具使用中的状态

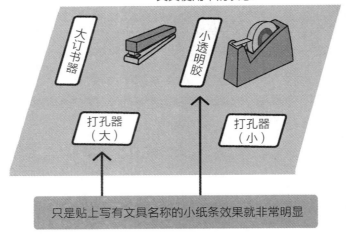

大订书器

小透明胶

打孔器（大）

打孔器（小）

只是贴上写有文具名称的小纸条效果就非常明显

## 24

**根据使用频率决定摆放位置**

在丰田的生产现场，非常重视"行动经济"。

这是以提高生产效率为目的对人类行动进行的研究，是能够应用于重复性工作之中的思考方法。

首先让我们思考一下工厂中员工们的情况。

如果有在工作中必不可少的零件或者工具，应该放在伸手就能拿到的位置。对于工人来说，最没有负担而且效率最高的行动，就是在触手可及的范围之内。

另外，经常使用的东西如果也能够放在触手可及的位置，可以更进一步减轻工人的负担。

丰田就是在考虑到上述问题的基础上，进行将什么东西放在什么地方的整顿。

在办公室的话情况也一样，经常用到的资料和文具，应该放在触手可及的范围之内。如果将这些工作中常用的东西放在需要移动整个身体才能拿到的地方，会严重影响工作效率。

将"必要的东西"在必要的时候按照必要的数量取出来，这才是"整顿"。

但"必要的东西"如果有很多的话，不可能将所有的东西都摆在自己周围。因为我们周围的空间是有限的。

所以我们就需要将"必要的东西"按照某种基准来进行分类，然后分别安排摆放的位置。这个基准就是"使用频率"。

①每天使用；
②每2~3天使用；
③每周使用。

按照这样的基准，将使用频率最高的东西摆在自己的周围。

这就和家里的厨房一样。

像菜刀这样经常使用的东西，肯定摆在随手就可以拿到的地方，而那些不常用的东西则摆在柜子里或者架子上。按照使用频率来决定东西摆放的位置，大概就是这样的感觉吧。

在工作中也同样如此。

经常使用的东西，放在办公桌的抽屉里或者身边的架子上。

每周或者每个月使用一次的东西，放在稍远的架子上。

半年甚至一年使用一次的东西，放在外面的仓库里。

这就是按照使用频率来决定摆放的位置。

比如在使用这种方法对资料进行整顿的情况下，可以制订一个按照时间将文件夹"从右向左排列"的固定的保存规则。

比如现在是2015年3月的话，

①2015年3月的文件夹；

②2015年2月的文件夹；

③2015年1月的文件夹。

就可以按照这样的顺序来进行排列。

下一个月就将2015年4月的新文件夹摆在最前面，然后将之前的文件夹推到里面去。

这样一来就可以保证最常用的资料被放在最前面，而使用频率逐渐减少的旧资料则一点点地被推到后面。过于古老的资料则可以存放在固定地方的架子上。

此外，还可以设定一个保存期限，比如3年，过了保存期限的资料就被看做"不需要的东西"自动处理掉。

将经常用到的东西放在近处，不常用的东西放在远处。这样不但可以减少多余的资料，还能够提高工作的效率。

## 将资料按照"使用频率"排列

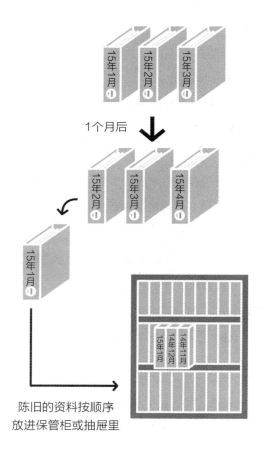

1个月后

陈旧的资料按顺序
放进保管柜或抽屉里

# 25

## 画一条线

大家还记得2014年巴西世界杯吗，在球员主罚任意球的时候，裁判会在球场上用泡沫泵画一道白线（一段时间后就会消失）。

在踢任意球的时候，为了阻止对方将球踢进球门，防守方的球员会在门前组成一道人墙，而且会趁裁判不注意的时候悄悄将人墙往前推。但是，当裁判在球场上划出一道白线之后，球员们就不能再做这样的小动作了。

仅仅一条白线，就发挥了如此巨大的效果。

实际上，这种一条白线的思考方法，很早以前就在丰田的生产现场得到了实践。

当指导师在工作现场进行指导时，即便告诉对方"进行整理和整顿"，但现场的员工往往不知道应该从何做起。

在这种情况下，指导师会在现场画一条线。

比如现场有一辆叉车的话，当叉车不使用的时候，指导师会专门用线划出一块区域用来停放这辆叉车。这条线既可以用粉笔画出来，也可以用胶带贴出来。

当用线来明确地划出范围之后，一旦东西超出线条的范围，就会使人产生出"东西超出范围了，应该将其放回范围之中"的想法。

另外，在仓库之类的场所为了防止货物堆积过高，可以在墙壁上画一条横线，规定"货物不能高出这条线"。这样一来在存放货物的时候就可以注意到。

## 只要画一条线就可以让拖鞋摆放整齐

还有这样的例子。

指导师在对某超市的仓库进行整理和整顿时发现仓库里面由于摆放了太多的东西，很容易变得杂乱无章。因为超市员工们的拖鞋摆放的乱七八糟，于是他决定首先从这里开始进行整理和整顿。

虽然顾客看不到仓库里面的状态，但对仓库进行整理和整顿的态度，同样能够反映在接到顾客时候的工作之中。

指导师让员工们把拖鞋摆放整齐，但员工们的执行情况却不令人满意。因为员工在繁忙的工作中很容易忘记这个规定。

于是指导师采用了"首先画一条线"的方法。

他在仓库的入口处铺了一张地垫，宽度刚好和拖鞋的长度一样。因为这样可以一目了然地看出拖鞋应该摆放的位置，所以员工们很快就习惯了这个规定，将拖鞋摆放得非常整齐。

这种方法同样适用于办公室。

比如用透明胶在办公桌上规划出区域。

"从这里到这里不能放任何东西"，像这样为自己留出工作空间，可以避免因为桌面杂乱无章而影响工作的情况，同时也更容易使自己养成整理和整顿的习惯。

另外，在决定位置的时候也可以采用"画一条线"的方法来规划出相应的区域"这里放笔筒""这里放文件夹"。如果不方便画线，用胶带画一个"×"的标记也可以起到足够的视觉效果。

不习惯将东西放回固定位置的人请一定尝试一下这个方法。

# 26

**将清扫加入到日常工作中来**

通过整理和整顿将办公桌周围收拾干净之后，接下来的重点就是将这一状态维持下去。如果在整理和整顿结束之后就放手不管，那么好不容易实现的整洁状态就会很快崩溃，这种情况十分常见。

为了防止这种情况出现，就需要用到5S中的剩余三项。

"清扫"（清扫卫生。让日常使用的东西保持干净）；

"清洁"（维持整理、整顿、清扫的状态）；

"素质"（遵守与整理、整顿、清扫有关的规定）。

如果没有这三项，那么整理和整顿的结果就会恢复原来的状态，使我们不得不重复进行整理和整顿。

特别是如果没有养成清扫的习惯，那么好不容易实现的整理和整顿很快就会遭到破坏。

清扫就是"把周围的环境打扫干净"。

即便进行了整理和整顿，在我们每天的工作之中仍然会产生垃圾或者造成污渍。如果对这些情况置之不理，那么保持整洁的意识就会越来越弱。

保持整理和整顿状态的秘诀就是保持整洁。

你有没有这样的感觉，"越是干净的地方越不能扔垃圾"。与之相反，一旦变脏了之后，这个地方就会变得更脏。

比如停放在路边的自行车的车筐里被扔进一个空的饮料瓶，结果人们就会认为"往这里扔垃圾也无所谓"而陆陆续续地将垃圾扔进车筐里。最后车筐里一定会装满垃圾。

如果停放在路边的自行车的车筐里没有任何垃圾，那么在车筐被扔进第一个垃圾之前，谁也不会认为这是可以扔垃圾的地方。

整洁的状态只要保持下去就会一直整洁，而一旦变脏又不及时清理的话，就会变得越来越脏。所以我们需要进行清扫。

只有经常进行清扫，才能够保持整洁的状态。身处在一个干净整洁的环境中，也可以使我们在工作中保持良好的心态。所以坚持进行清扫具有非常重要的意义。


## 专门留出用来清扫的"时间"


你平时在职场中会对自己的周围进行清扫吗？

或许你并没有专门留出用来清扫的时间，甚至在有的公司里，清扫工作都是由专门雇来的保洁人员进行的。

但是，要想养成清扫的习惯，专门留出一个集中精神进行清扫的时间是最为行之有效的方法。

　　如果只是清扫办公桌的周围，一个人也可以完成。你可以专门留出清扫的时间，然后定期对办公桌周围进行清扫。

　　比如"下班前留5分钟来进行清扫""每周五安排15分钟进行清扫"，将清扫加入到日常的工作中来。

　　在繁忙的日常工作中，如果不给清扫专门留出一定的"时间"，很难养成清扫的习惯。而短短的几分钟或者十几分钟的清扫时间，并不会对你的工作造成太大的影响。

　　或许很多人认为"清扫不是工作，在工作的间隙随便收拾一下就好"，但丰田却将清扫看做是工作的一部分。

　　清扫并非在环境变得杂乱不堪之后才开始进行，而是应该坚持每天进行。

## 27 将清扫工具"可视化"

要想养成清扫的习惯，"工具"是非常重要的。

如果没有工具，就无法进行清扫。

指导师小笠原甲马曾经对一个迟迟无法将5S贯彻执行下去的企业进行指导。当他来到现场之后发现，这家企业竟然没有清扫用的"道具"。

这家企业虽然给5S留出了专门的"时间"，但是却没有专用的洗涤剂。洗涤剂也分许多种，地板有地板用的，玻璃有玻璃用的，设备有设备用的。

如果不使用专用的洗涤剂，只使用抹布沾水进行擦拭，不但要花费许多时间，而且也无法彻底清除污渍。如果使用专用的洗涤剂，就可以在短时间内完成清扫工作，也更容易养成清扫的习惯。

### 将清扫工具摆在办公桌周围更容易养成清扫习惯

丰田通过在组织内部共享情报，坚持贯彻"可视化"，能够及早发现现场的问题并对其进行改善。

清扫工具也一样，如果能够将清扫的工具"可视化"，那么将更容易养成清扫的习惯。

清扫工具一般都会被收在储物柜里。为了不让顾客看见，清扫工具往往被藏在办公室的最深处。

但是，正因为在外面很难看见，所以在收拾的时候墩布和扫帚被胡乱地扔在一起，就算清扫工具丢失或者损坏了也很难被人发现。而且有些人不愿意使用损坏的或者肮脏的清扫工具，这也是人之常情。

这样一来，本来就让人感觉很麻烦的清扫工作，变得愈发不愿意去做了。

所以，应该找一个顾客看不见，但员工却能够看见的地方存放清扫工具。让清扫工具保持干净和完好的状态，可以大幅降低员工对清扫的抵触心理。


有的公司并没有准备清扫工具。

在这种情况下，为了能够对自己的办公桌及时地进行清扫，可以自己准备抹布之类的清扫工具。

不过，如果将清扫工具放在储物柜等距离自己比较远的地方，那么清扫就会变得难以开始。

你可以在办公桌的内侧用一个钩子来挂抹布或者小扫帚，尽可能把工具放在办公桌的附近，这样你就能够轻松地开始进行清扫。

## 28

清扫是发现问题的机会

在工厂进行清扫的优点，不只是让环境变得整洁，还可以通过清扫发现异常情况。

在丰田有句话叫做"清扫就是检查"，因为员工们经常能够在"产生的垃圾和污渍中发现异常情况"。

比如在清扫时发现地面上有一个螺丝钉。

那么就需要确认这个螺丝钉是从什么地方掉下来的。如果发现是因为设备老化导致螺丝钉掉落，那么这就可能是出现残次品或者故障的原因。

如果在清扫时发现地面上有几滴油渍，那么很有可能是从设备上漏出来的。如果对这一问题置之不理，可能会导致出现残次品或者设备出现故障，还有可能因为油渍使员工滑倒。

如果地面上有橡胶碎屑，那么可能是设备某处的皮带因为磨损而出现老化。如果能够及时发现这个问题，尽早更换磨损的皮带，就可以防患于未然。

"清扫就是检查"不仅限于工厂之中。通过对办公室和办公桌周围进行清扫，可以确认整理和整顿是否严格按照规定执行，发现疏于清扫的地方。

　　或许你会在堆积如山的资料中找出本应提交的资料，在电脑杂乱无章的桌面上找到必须立刻处理的文件。

　　清扫能让你发现和平时不同的状况，这就是发现问题的机会。带着这样的意识进行清扫，可以提高你的工作积极性，发现不同的风景。

# 第三章

# "改善力"是一切工作的基础

思维不能僵化。
只要开动脑筋，就算是干毛巾也能拧出水来。

——丰田汽车原会长·丰田英二

# 29

**工作=作业+改善**

或许很多人都有"丰田=改善"这样的印象吧。

所谓"改善"，指的就是在人（Man）、机械（Machine）、材料（Material）、方法（Method）这4M之中找出浪费，然后迅速将这些浪费清除掉的行动。改善作为丰田生产方式的关键，每一名丰田的员工在入职后都要立即掌握改善的方法。

通过每天坚持进行改善，可以消除现场的浪费，提高工作的生产效率。

对于在制造行业工作的人来说，应该能够理解改善的重要性，但对于在办公室中工作的人来说，或许对于"改善"这个词感到非常陌生。

很多人对改善都有这样的误解。

"与办公室的工作和创意性工作没有关系"。

"改善是特别的技能"。

"改善是需要与项目相结合的大规模活动"。

但指导师中山宪雄却这样说道，"改善并不是特别的行动，而是应该每天坚持实践的行动。"

"绝大多数的公司都认为日常的工作和改善是两回事。但丰田却认为'工作=作业+改善'。除了完成自己的本职工作之外，还要持续不断地坚持改善，这才是工作的意义。"

假设生产现场需要的某个零件，需要专门到走路需要花费20秒的一个架子上取用。如果这个行动每天重复30次，那么每天就会出现10分钟（=20秒×30次）的浪费，每年240个工作日的话就是40小时（=10分钟×240日/60分钟）的浪费。正所谓积少成多，以年为单位进行思考的话就会发现这是非常大的浪费。

如果通过改善将存放零件的架子放在生产线附近，使员工只要1秒钟就可以拿到这个零件，那么工作的生产效率就会得到提高。

在办公室也一样。如果没有进行整理和整顿，每天都要花很多时间来寻找必要的资料，那么每年就会产生出大量的时间浪费。但是，如果对资料进行整理和整顿，可以立即找到需要的资料，那么工作的生产效率就会得到提高。

也就是说，改善能够对日常的工作成果产生极大的影响。正因为如此，更应该将改善作为工作的一部分，在每天的工作中进行实践。

某指导师说，他在升任为管理监督者之后，他的直属上司总是对他说"必须让生产现场每天都发生变化"。

"必须让生产现场每天都发生变化"，也就意味着要持续不断地进行改善。如果能够持续不断地进行改善，现场当然会不断地发生变化，工作的生产效率也会随之提高。

## 改善是创造性的工作

改善本来是一件乐事。

在丰田的生产线上，员工为了在短时间内完成高品质的工作而拼命努力。这种光景乍看起来或许像机器人一样。但实际上这些员工绝非像机器人一样只是在单纯地重复劳动。

当员工们感到"有问题"的时候，会主动停止生产线，思考改善方案。如果这个改善方案取得了成果，得到周围人的认可，那么提出改善方案的人还能够得到奖金。

看上去好像机器人一样高效，同时也带有创造性的思考，这就是丰田的员工所进行的工作。

# 30

## 改善的线索在"现场"

前文中提到过的"现地、现场",在改善中也是非常重要的原则。

指导师加藤由昭说"改善的线索在现场到处都是"。比如给汽车安装尾灯的工作,工人会不断地重复安装的动作。

或许你认为,不断地重复同样的动作,肯定很快就没有需要改善的地方了吧。但实际上却并非如此。只要换一个角度来看,就会发现更多需要改善的地方。

在安装尾灯时,对角度、顺序、力度、零件和工具的位置等都进行合理的规划,可以减少工作中的浪费。通过改变工作手册上的颜色和字体来使内容更容易看清,可以减少工作中的失误。根据车种和出口国的不同,需要改善的地方也不同。

丰田有一种制度叫做"创意奖励"。如果在日常工作中发现好的改善方案,可以将自己的想法整理在一张A4纸上提交给上司。如果这份方案最终被认为是有价值的方案,提交者就可以得到奖励。

丰田的员工在日常的工作中不断地锻炼自己的改善能力。加藤说"丰田的员工每年大约能够提出200件改善方案"，即便如此，改善的线索仍然无穷无尽。

某QC小组为了站在顾客的立场上获得改善的线索，特意到一家丰田的4S店进行考察。

店里的销售负责人对他们说了这样的话："我们在顾客面前关上雷克萨斯的前盖时，感觉声音有点太大了。雷克萨斯有很多优点，如果能够把这个地方也改善一下，那么肯定会更受顾客欢迎。"

QC小组立刻对其他和雷克萨斯同档次的高端汽车进行了调查，发现那些汽车在关闭前盖时确实声音很轻。

有了这样的经验之后，QC小组尝试对雷克萨斯前盖的关闭声音进行了改善，实现了品质的提升。这一行动在丰田公司内部的QC小组大会上也得到了极大的好评。

丰田就像这样站在现场和客户等一切角度来进行改善。有时候还会站在其他部门的角度，对整体情况进行观察。

在你的工作中，一定也存在着很多需要改善的问题。只有从许多个角度对同一个工作进行仔细地观察，才能找到需要改善的地方。

# 31

## 区分"工作"与"浪费"

简单来说，改善就是消除"浪费"。那么，什么样的情况才算是浪费呢？

在丰田，对浪费的定义是"无法提高附加价值的现象或结果"。如果在生产现场的话，就是"不会产生附加价值，只会提高成本的生产要素"。

工人的行动中也同样存在着浪费。比如没有进行工作的等待时间、重复搬运，以及更换工具等，都属于工作中的浪费。这些浪费需要被立即清除掉，改善基本都从清除这些浪费开始。

另外，有些乍看上去会产生出价值的"工作"，也同样存在着浪费的情况。

工作可以分为两部分。一部分是能够提高附加价值的"正式工作"，另一部分是没有附加价值的"附属工作"。

只有对材料和产品进行加工，对零件进行组装的"正式工作"才能够称得上是生产行为。

另一方面，附属工作包括打开零件的包装、取用零件的过程等等。因为这些都是在当前工作条件下必须进行的工作，所以要想消除这些附属工作就必须改变工作条件。当然，只要肯用心研究，就可以消除其中存在的浪费。

因此，工人的行动包括"正式工作""附属工作""浪费"三种。

浪费必然要被消除，附属工作如果被认为是浪费的话也会得到改善，关键在于正式工作中也存在着没有被注意到的浪费。

丰田力求将这些浪费一个不漏地全部找出来，并且彻底消灭。

# 分清"工作"和"浪费"

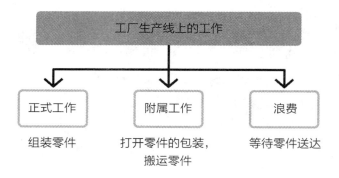

工厂生产线上的工作

| 正式工作 | 附属工作 | 浪费 |
|---|---|---|
| 组装零件 | 打开零件的包装，搬运零件 | 等待零件送达 |

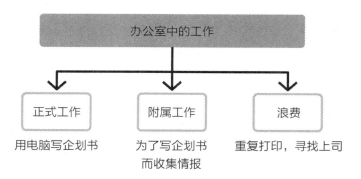

办公室中的工作

| 正式工作 | 附属工作 | 浪费 |
|---|---|---|
| 用电脑写企划书 | 为了写企划书而收集情报 | 重复打印，寻找上司 |

## 将工作分成"正式工作""附属工作""浪费"

请观察一下你自己的工作。

有多少是能够产生价值的正式工作呢？

比如，在制作企划书的时候，用电脑写企划书的工作可以被称为"正式工作"，但为了写企划书而收集情报则属于"附属工作"，如果企划书的内容出现错误导致重复打印，为了进行确认都四处寻找上司，这些都属于"浪费"。

"附属工作"中也潜藏着浪费。或许你在看到与正式工作无关的资料时能够做到立即停止阅览，但在收集情报的方法中，或许还有更加高效、没有浪费的方法，

"这项工作的目的是什么"，通过对自己提出这个问题，可以将自己的"工作"与"浪费"彻底区分开来，而且还能够将工作分解为"正式工作"和"附属工作"。如果能够客观地对自己的工作进行审视，就可以发现需要改善的地方。

## 32

## 找出"七种浪费"

对于从没进行过改善的人来说，很难找到工作之中的浪费。因为这样的人会认为自己一直以来所进行的工作是理所当然的，根本意识不到其中存在着浪费。

指导师在指导客户企业进行改善的时候，会从各种角度对其进行提示，使他们自己发现工作现场存在的浪费。

丰田最具代表性的改善方法被称为"找出七种浪费"。让我们逐一来了解一下。

①过度生产浪费

指的是生产了超出需要数量的产品，以及早在必要的时期之前生产出来。生产出来的产品如果不能够及时卖掉就会产生浪费。在办公室也会出现同样的情况，比如制作产品宣传册的时候，除了主要产品的宣传册之外，连同每年只能够销售一次的产品宣传册也一同制作出来的话就会产生过度生产浪费。

②等待浪费

指的是工作者无法进行下一项工作，只能暂时什么也不做进行等待的状态。如果在办公室的话，等待其他部门提供情报的时间就是等待浪费。

③搬运浪费

搬运是提高成本的主要原因之一。不能提高附加价值，只会增加成本的搬运，无法提高产品的价值。可以通过对摆放位置的改善来减少搬运，消除浪费。

对于办公室来说，反复去找上司签字盖章，反复取用资料，反复到前台确认等等都属于搬运浪费。

④加工浪费

指的是对生产和品质没有贡献的多余加工。对于办公室来说，就是对资料的多余设计。

⑤库存浪费

指的是超出必要数量的材料和在制品在生产结束后产生的库存。为了保管这些库存产品会产生空间成本，库存本身还会发生劣化。对于办公室来说，大量订购备品和复印纸，结果不得不专门腾出空间来保存这些东西就属于库存浪费。

⑥动作浪费

指的是无法产生附加价值的行动，比如多余的动作和移动，用多余的姿势进行工作等。对文件柜的整理和整顿不彻底，导致过去的资料总是挡在前面，每天必须用到的资料则被塞在里面难以取出，这种情况也会产生动作浪费。

⑦残次品浪费

指的是生产出了必须废弃的残次品或需要返工重做的产品。对于办公室来说，因为检查不彻底，在打印后才发现错误的资料就属于残次品浪费。

需要注意的是，"并非所有的浪费都能够被归类于这7种浪费之中"。这只是便于我们发现浪费的方法之一。

指导师村上富造这样说道，"通过这几项来进行观察，可以更容易地发现浪费"。

当指导师对某个企业进行指导时，即便带着问题意识去寻找也只能找到五六个问题点。但如果将重点集中在"找出地震时可能倒掉的东西""找出可能会掉下去的东西"等项目上，就可以找到二十甚至三十个问题点。

这种方法被称为"项目观察"，通过"7种浪费"等项目对职场和自己的工作进行观察，可以更容易地找出浪费。

# 33

## 将工作"分割"找出改善点

指导师高木新治这样说道，"要找出改善点并非易事"。

比如有人问你"用圆珠笔写字的时候，应该怎么拿笔"，你要如何回答呢？

或许你会回答说："只要像'平时'那样握笔就行了。"我们从小就学过怎么握笔，所以做出这样的回答也是理所当然的。

改善与之相同，因为是一直以来从事的工作，所以自己也看不出什么地方存在问题。

要想找出需要改善的地方，最有效的方法就是将观察的视点详细"分割"。

比如在对拿圆珠笔的方法进行说明的时候，可以详细"分割"进行说明，比如拇指在这个位置，食指在这个位置……握住距离圆珠笔笔尖1.5厘米处，圆珠笔与纸面的角度要保持75度……

如果更进一步考虑如何更方便写字的话，或许可能会想到"握住距离圆珠笔笔尖1厘米处""圆珠笔的角度保持85度"之类的改善方案。

通过"分割"来观察工作，可以使我们更容易发现浪费和新的改善方案。

指导师原田敏男对日本企业在泰国的工厂指导改善方法的时候，也采用了将工作"分割"的改善方法。

在泰国工厂里工作的员工，都是从未听说过丰田生产方式的泰国年轻人。原田首先让这些完全不知改善为何物的员工想办法缩短准备工作（在生产线开始运转之前的准备工作）的时间。

员工们在原田的要求下对实际的准备工作进行了非常仔细的观察，然后将整个准备工作分成了大约100个细节。

但是员工们仍然不知道应该如何进行改善，于是原田提示他们"思考每一个动作能不能够在半分钟之内完成"，结果员工们提出了很多改善方案。最后大家总结出30个能够实现的改善方案并且实际进行了尝试，结果准备工作的时间成功地缩短了三分之一。

## 将"销售过程"分解发现其中的浪费

像这样将工作过程分解的改善方法，在办公室的工作中也同样适用。

比如销售负责人让你"找出你销售工作中的浪费"，但是你并不知道什么地方存在着浪费，而且也不知道应该从何处着手。

那么你可以将销售过程分解成"预约""制作企划书""商谈""成交""售后服务"。

然后还要将这些项目再进行更加详细的分解。

## 将工作分割找出改善点

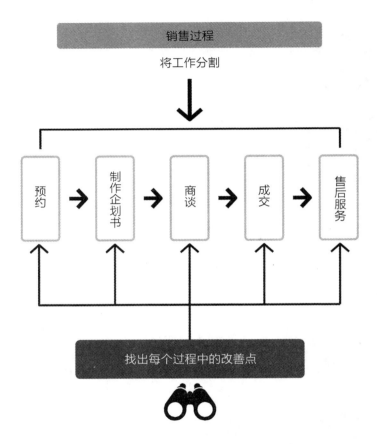

销售过程

将工作分割

预约 → 制作企划书 → 商谈 → 成交 → 售后服务

找出每个过程中的改善点

"预约"还可以更进一步分解为"电话预约""上门预约""邮件预约"等过程。

　　像这样将工作过程分解之后，就可以找出"提高打电话时的谈话技巧""找出最能够成功预约的时间段""让预约邮件的文字更吸引人"等改善点。

　　当然，像经理和事务等工作，也可以通过将工作内容详细分解从而找出浪费和改善点。

# 34

## 为了"轻松"而改善

不进行改善的人，大部分都有"改善很辛苦""改善很麻烦"之类的想法。毕竟任何人都不愿意让自己已经习惯了的工作过程发生改变。

指导师在对客户企业进行指导的时候，也发现有很多人都对改善持厌恶的态度。指导师村上富造认为，在对这样的现场进行指导时，首先应该说明"改善可以使工作人员更轻松"，取得对方的理解是非常重要的。

比如在生产现场取用零件需要花费16秒的时间。因为在取用零件的必经之路上有一个很大的工作台，员工必须绕过工作台才能拿到零件。

在这种情况下，可以将挡路的工作台搬走。这样一来取用零件就只需要4秒钟的时间。

亲身体验了这一变化的员工纷纷表示"工作确实变轻松了"。

请不要小看这缩短的12秒。如果一天要重复这一动作30次的话，那么一个月就节省了120分钟（=12秒×30次×20天），一年就节省了24小时（＝120分钟×12个月）。

像这样的改善对于工作人员来说是有好处的。只要让员工们理解了这一点，就可以让他们自己产生进行改善的想法。

虽然生产线上的工作人员都在很努力地工作，但对他们的动作进行观察之后就会发现，有些人工作的姿势很不自然，还有些人需要到距离生产线很远的地方去拿取零件。

如果能够通过改善缩短员工移动的距离，让他们的动作更加合理，缩短工作的时间，那么员工们在工作时就会更加轻松。

比如，"不需要离开生产线，只要回过身就能拿到需要的零件""不用弯腰拿取零件，只要伸手就能拿到零件"。

这些需要员工"勉强去做"的部分，就是改善的宝库。

在丰田的生产现场，总是不厌其烦地强调要消除"浪费"、"偏差"和"勉强"。


## 消除"浪费"、"偏差"和"勉强"


"浪费"正如前文提到过的那样，指的是"不能提高附加价值的现象和结果"。

"偏差"指的是产品和零件的生产计划与生产量不一致，出现暂时性的多余或短缺。这会导致工作量不稳定，无法保持生产效率。

"勉强"指的是给身心造成的过度负担（对于机械设备来说，就是过度使用）。

比如要将许多椅子搬到另外一个房间的时候，本来你一次能拿一把，但却一次拿了两把，结果使椅子腿摩擦到地面或者撞到墙壁，这就属于"勉强"。

在办公室的工作中，如果注意那些勉强的地方，就会很容易发现改善点。

比如，工作集中在特定的人和部门身上，导致经常出现加班的情况。

可以将工作分一部分给其他人或其他部门，或者给工作繁忙的部分增加人手，都可以解决加班的问题，使工作变得更加"轻松"。

另外，对于长时间使用电脑的工作，如果感到腰酸背痛、眼睛干涩，可以在电脑屏幕上装一个对眼睛有保护作用的液晶薄膜，或者使用专门用来看电脑的眼镜。

尽管这或许只是一个小小的改善，但通过这样的改善就可以使勉强变得轻松，提高你的工作效率。

# 35

## 适当地懒惰一点

有些人认为"提出改善方案"一定要是非常特别的主意或者点子才行。

某指导师在丰田担任管理监督者的时候，曾经对有这样想法的年轻人说道，"只要适当地懒惰一点就好"。

"我为了鼓励那些不擅长提出创意的人积极动脑思考，经常对他们这样说。目的在于让他们思考有没有方法能够让大家都变得更加轻松。有时候很多优秀创意的初衷都是因为嫌麻烦，想要找出一个能够偷懒的办法。这也是改善产生的源泉。"

你每天进行的工作之中，有没有你感觉"真麻烦"的工作呢？

尽管是每天都必须要做的工作，却总是让你提不起干劲。在这样的工作之中就存在着改善的线索。

比如，每次发邮件时都要一个字一个字地写上"承蒙关照，我是××公司的××"，如果你觉得这样太麻烦了，就应该思考消除这个麻烦的方法。

如果你输入"Ｏ·Ｓ·Ｅ"这个代码就可以自动出现"承蒙关照，我是××公司的××"的话，那么将会节省大量的时间。

或许这只是一个小小的改善，但因为你在一年之中需要写无数封邮件，那么总体来看这就是一个非常了不起的大改善。

像这样找出日常工作中麻烦的事情，从"偷懒"的角度来进行思考，那么就很容易找到改善的线索。

# 36

## 站在圆圈里

为了找出需要改善的浪费，还有一种方法叫做"定点观测"。

指导师堤喜代志在丰田担任班长的时候，曾经接受过大野耐一的得力助手铃村喜久男的指导。

某一天，铃村来到堤的工作现场，在工厂内用粉笔画了一个直径1米的圆圈，然后对堤说"你就站在这里，观察现场。30分钟内不要动"。

最初堤很不理解，"为什么要我做这种事"，但当他观察了一段时间之后，不可思议地发现了许多问题点，"那边员工的行动有问题""那个人虽然看起来很忙，但并没有进行最关键的工作""那个人在做无关紧要的工作"。这时堤才意识到，"自己因为一直在行动没有停下来，所以才没有发现这些问题"。

有一些浪费只有在你冷静地进行定点观测的时候才能够发现。

指导师村上富造在对客户企业缺乏改善经验的员工传授改善技巧的时候，也曾经把他们带到能够环视整个工作现场的二楼，然后让他们站在那里仔细观察工作现场的情况。

"当他们仔细观察现场之后，发现'那个人每次移动的时候都要跨过这个设备'。于是就会采取将这个设备挪到其他地方，或者选用另外一条道路等改善方案。观察员工们的行动，思考他为什么会采取这样的行动，有时候还可以直接询问'为什么你移动的时候要跨过这台设备'，通过这样的方法就可以找到需要改善的地方。"

另外，站在一个固定的地方观察工作现场的情况，还可以发现一些潜在的问题。

比如有10名员工，其中正在进行加工等"正式工作"的人有3名，正在打开零件的包装或者操作按钮等进行"附属工作"的人有3名，正在为了取用零件而移动的人有3名，最后还有一个人不知道在干什么。

在办公室也一样，站在一个固定的地方观察办公室内的情况，就会发现工作中的浪费。

比如在办公桌和复印机之间来回移动的人，拿取复印件的时间就属于附属工作。

如果有复印必要的话，应该将需要复印的资料整理起来统一进行复印，通过这样的改善，就可以消除那个人工作中的浪费，还可能减少复印纸的消耗从而降低成本。

关注那些没有进行能够产生价值的工作的人，可以很轻松地从他们的行动之中发现浪费。

# 37

## 注意"不干净"的地方

指导师山口悦次指出，"不干净的地方潜藏着需要改善的问题点"。

以家庭中的冰箱为例。如果冰箱里面乱七八糟，还有酱油等调料滴落形成的污渍，那么里面肯定有超过保质期的食材。如果不知道冰箱里都有什么东西，很容易出现重复购买食材的情况。

工厂中的设备也一样。如果机械出现油污，很有可能是存在漏油的情况，如果对资材的碎屑置之不理，那么这些碎屑可能会掉进机械的缝隙中引发故障。

如果在办公室的话，就是办公桌上堆积的资料。堆积如山的资料就是堆积如山的问题。

特别是如果这些资料上面落满了灰尘，那就证明这些资料好长时间都没有动过了。工作处理不及时，会直接影响下一道工序，最终引发严重的问题。

山口这样说道，"看一个人桌子上资料的处理情况，就能够推测出这个人的工作方法是否存在问题"。

"我在对某公司进行指导的时候，发现他们的设计图就那么随随便便地扔在一旁，设计图不但有折痕，上面还有污渍。设计图是工作的基础，是非常重要的'宝物'。举个稍微有些极端的例子，如果设计图脏了，那么数字'8'就可能会被看成数字'3'，这可能引发严重的问题。"

　　不仅资料，电脑的里面也是一样。如果对许久都没有打开过的文件夹置之不理，或者没有将文件放在相应的文件夹里，无法一下找到想要的资料，那么其中就很有可能隐藏着问题。

## 38

### 越是忙碌的人越有问题

那些总是忙忙碌碌的人，往往潜藏着问题。

指导师加藤由昭这样说道，"从一个人进行工作的情况，可以看出他是否具有工作能力"。

工作能力强的人，工作起来有条不紊。他们的坐姿总是非常端正，给人感觉好像只有双手在动。

而工作能力差的人，在工作的时候整个身体都会跟着活动，而且干起活来总是满头大汗。

乍看上去，后者好像是在努力工作，但实际上他们之所以工作的很辛苦，是因为有太多行动上的浪费。而工作能力强的人则没有这些浪费，因为能够非常高效地工作，所以看上去动作不多，表情也非常轻松。

## 工作有条不紊说明安排得当

丰田有这样一段故事。

某切割工程的组长对上司工长这样说道："在应该进行5S的时间里，却总是有人悠闲地吸烟。请想想办法吧。"

但工长却对组长呵斥道："你的眼睛都在看什么！去好好看看他们的工作现场吧。地面上有垃圾和散落的零件吗？有滴落的油渍吗？是不是总是很干净整洁？他们之所以能够在大家都进行5S的时候那么悠闲，是因为他们平时就保持了5S的基本。"

在平时的工作中没有浪费的人，在工作时会显得有条不紊、游刃有余。而做不到这一点的人，则总是显得非常繁忙。那些频繁打电话的人，或许是因为工作安排的不好或者联络不畅。

请观察一下你的办公室吧。

那些总是走路飞快的人，总是加班的人，一定有让他们不得不这样做的问题。如果有总是加班却难以取得成果的人，就一定有每天都按时下班却能够取得成果的人。

这其中就存在着需要改善的浪费。

# 39

## 让自己的工作"可视化"

丰田在寻找浪费和问题的时候，经常采用将工作现场录下来的方法。通过客观地审视自己的工作，可以更容易发现浪费和问题。

负责对某医院进行改善的加藤由昭，提议将医生和护士的工作过程录下来。

当医生和护士们一起观看录制的影像时，发现了许多之前一直没有注意到的问题，比如"每个护士的行动都不固定，而是个人都有所不同""护士和护工的职责分工不明确"等等。

后来，这家医院专门为护士和护工制作了工作手册，使他们的工作标准化，护士和护工的职责分工也变得更加明确了。

经过这样的改善，护士的工作效率得到了大幅度的提高，每天进行的检查次数增加了10%，而多余工作则减少了50%。

从客观的角度来说，借用其他部门的人或者外部的人的视角，更容易发现问题。也就是说，利用他人的视角来让自己的工作"可视化"。

当你对日常工作熟悉之后，就会认为自己所做的一切都是理所当然的，即便出现问题也很难发现。

但是，新人或者从其他部门调来的人则往往会产生出"为什么要做这样麻烦的事""这项工作的意义何在"之类的疑问。

指导师柴田毅认为，"将改善的成果可视化，还可以实现更进一步的改善"。

柴田在对某企业进行5S指导的时候，将改善的事例以照片的形式在公司内部的网络上进行公开。

"看到改善前和改善后的照片，大家都对改善带来的效果感到非常震惊。

更重要的是，在看过改善事例之后，很多人专门前往进行这项改善的部门称赞他们'真了不起'。进行这项改善的人当然感到非常高兴，更加积极地投入到下一项改善之中，其他部门也纷纷表示'我们也来试一试吧'。"

通过将改善的成功例子可视化，可以形成改善的良性循环。

# 40

## 不隐藏"安全隐患"

"办公室地面的网线似乎很容易把人绊倒。"

"取东西的时候很碍事，似乎会把手缠住。"

在丰田经常强调，"一旦发现可能引发重大灾害的安全隐患一定不能隐瞒应该立即上报"。

"安全隐患"指的是工作现场中可能出现的问题，是可能导致重大事故、灾害、伤亡情况的问题。

比如马达上有一个用来挂钩的圆环。如果将挂钩挂在圆环上把这个马达吊起来的时候，圆环忽然脱落，马达嘭地一下掉落下来。但幸好掉落距离只有5厘米，没有出现任何事故。

一般来说，只掉落5厘米，只要将圆环重新安装回去，保证圆环不会脱落就行了，没必要特意向上级报告。

但丰田一旦出现这样的安全隐患，肯定会立刻通报全公司，然后要求全公司"立刻检查所有的吊环"，这也被称为"横展"。

即便是这样很小的安全隐患也需要立即报告，并且在全公司范围内进行改善。只有这样才能够将重大事故防患于未然。


## 顾客小小的不满也是改善的线索

销售现场的安全隐患就是顾客的投诉。

投诉有很多种，既有顾客怒不可遏的投诉，也有个人要求之类的小提议。


"如果有这种功能就好了。"

"与其他公司的产品相比，这地方有点不方便。"

"如果售后服务再完善一点就更好了。"


有时候，顾客对销售负责人的这些小提议，很难得到重视。

但实际上，如果这些顾客的小小的不满不断地累积、增幅，最终就会变成严重的投诉，甚至以销量降低的形式表现出来。

在丰田，需要将存在安全隐患的问题整理成一个"安全隐患报告书"，提交给上司。

在销售的场合也一样，即便是顾客很小的要求和抱怨，也需要记录在销售日报上，通过与上司和同事共享这一信息，来对商品和服务进行改善，从而防止发生严重的问题。

# 41

## 确定"标准"

在丰田，有一个被称为"标准"的思考方法。

所谓标准，就是各项作业的方法和条件，员工必须按照这些要求来进行工作。简单来说，标准就是"应该这样做"的要求。

具体来说，标准包括操作要领书、操作指导书、品质检查要领书、刀具更换要领书等许多"标准书"。

这些都是在生产中不断总结出来的经验，是工作现场智慧的结晶。

比如在给零件上螺丝的工作中，如果只是说"拧紧点"，因为每个人对"紧"的理解不同，所以很有可能最后螺丝有紧有松。

但如果确定"拧紧直到出现喀嚓一声"的标准，那么任何人都能够将螺丝拧紧。

标准就是"让任何人都能够做到事情的制度"。

丰田在许多工作之中都有这样的标准。

正因为有这样的标准，才能够将工作的品质保持在同一个水平，上司也不用在每个新人入职的时候都教一遍同样的东西。部下只要按照标准书上的要求来进行工作即可。

有了这样的标准之后，就可以明确什么是浪费，什么是必须改善的问题点。另外，还可以一下子找出什么样的状态是异常情况，以及判断改善后标准是变好了还是变坏了。

比如某工程以"库存控制在30个以下"为标准，如果库存减少到15个的话，就是非常成功的改善。

## "标准"不是工作手册

需要注意的是，丰田的"标准"不是"工作手册"。

工作手册是一成不变的，而标准则是随着改善而不断发展和完善的。如果通过改善发现了更好的标准，那么新标准就会取代旧的标准。

曾经有某个客户企业的经营者说"讨厌标准化"。他认为"制订了标准之后，就会出现那些不用脑子思考的员工"。

这个经营者将工作手册和标准混为一谈。如果有工作手册的话，确实可能会出现不用脑子思考的员工，但因为标准是在不断进化的，所以员工总是会想办法提高标准。

如果没有标准，就无法判断改善的结果是好是坏，而有标准的话，就可以将其作为判断的基准。

标准的特征就是每天都在被现场的工作人员不断地改写。

任何工作都有"应该这样做就可以实现安全、准确、高效"的标准。比如在制作企划书和报告书时，可以有字体方面的标准，全公司共通的销售流程也可以被看做是一种标准。

带着这样的标准意识进行工作，还可以使工作更加顺畅。

试着改写你每天进行的工作标准吧。

## "标准"是被不断改写的

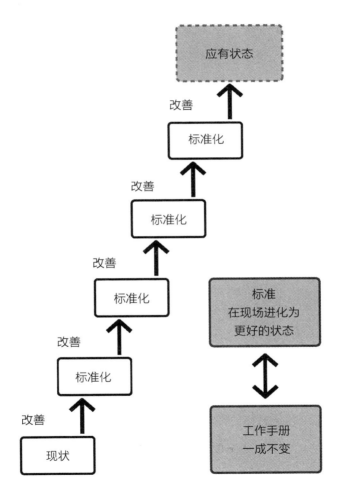

# 42

## 找出"真因"

　　我们之所以必须进行改善，是因为存在引起浪费和问题的原因。只有消除这个原因，改善才能够成功。

　　但是，有时候即便消除了原因，仍然会再次出现同样的浪费和问题。

　　比如出现复印机停止运转的问题。经过调查发现是因为纸张卡在里面导致的。这时只要将卡住的纸张拿出来，复印机就会再次运转。乍看上去，问题已经解决了。

　　但过一段时间之后，会再次出现纸张卡在里面导致复印机停止的问题。随后，因为纸张卡住导致复印机停止的问题反复多次出现……

　　因为你无法自己解决这个问题，只能联络复印机的生产厂商请他们进行详细的调查，结果发现问题的原因出在复印纸上。因为复印纸发潮，所以纸张容易粘在一起导致滚轮无法将纸顺利地送进去。而真正的原因是复印纸平时被放在容易结露的窗边，所以才会发潮。

丰田将造成问题的原因分为两种来进行改善。

那就是"要因"和"真因"。

要因指的是问题发生时的原因，只是消除要因，问题很有可能再次出现。因为这只是表面的原因。

真因指的是导致问题发生的真正原因。只要消除真因那么问题就不会再次出现。

丰田在进行改善的时候，目标不是消除表面的"要因"而是消除"真因"。

## 对"真正的原因"置之不理还会发生同样的问题

指导师鹈饲宪这样说道，"如果没有消除真因，浪费和问题还会再次发生。无法彻底杜绝"。

鹈饲在对某食品公司进行改善指导的时候发生了这样一件事。

一台食品生产机械前面的一个零件折断了，于是现场的负责人对部下说道，"这个零件有备品，换一个吧"。

鹈饲听到这句话后立刻说道，"请等一下，这样做无法解决问题"。他让对方寻找真正的原因。

经过仔细的询问，鹈饲发现这个零件经常会出现折断的情况，只是更换零件无法防止问题再次出现。

调查的结果表明，在清洗这个零件的时候，零件会与清洗机的某个部位发生碰撞。另外，由于机械的可动范围很大，所以就连本来碰不到的部位都会与这个零件发生接触。该食品公司的员工认为后者很有可能是导致零件折断的原因，于是立刻委托设备的生产商修正机械的设定。

在这种情况下，只有变更机械的设定，才能真正地实现改善。


改善如果没有解决真因，同样的问题还会重复出现。

出现问题，解决问题，然后出现其他的问题，继续解决……在这个不断解决新问题的过程中，以前的老问题又再次出现。这样一来工作的时间就将全部浪费在解决问题之上。

你的工作是否也因为层出不穷的问题而使你疲惫不堪。

就算好不容易将办公桌上堆积如山的无用资料处理掉，如果没有整顿资料的方法和规则，那么无用资料还会再次堆积如山。

遭到顾客投诉之后只会不断地赔礼道歉，却不从根本上解决造成顾客投诉的问题，那么还会因为同样的投诉而焦头烂额。

改善追求的是能够真正解决问题的方法。

# 43

## "事后百策"不如"事前一策"

在丰田的现场，常说"事前一策，事后百策"。

及时地采取措施，可以在问题没有闹大时就将其解决。等问题发生之后需要采取很多对策，而在问题发生之前，只要一个对策就可以防止问题发生。

也就是说，这句话强调了事前准备的重要性。

指导师中野胜雄在对某工厂进行指导时，就让对方深刻地了解到"事前一策，事后百策"的重要性。

这家工厂有一台冲压机，但是在冲压机周围却没有安全围栏。如果员工的手被夹在冲压机里，就会造成严重的生产事故。

中野问"为什么没有安全围栏"，回答是"因为过去没有发生过（员工的手被夹进去）事故"。

由此可见这家工厂从没有考虑过员工会不小心将手伸进冲压机的问题。如果没有安全围栏，那么就无法防止这类事情发生，可能会造成员工严重受伤。

于是中野用"事前一策，事后百策"的道理说服了现场负责人，指导他们在现场安装安全围栏。


## 将失败记录在笔记本上

那么，如何采取最合适的"事前一策"呢？

某指导师这样说道，"灵活利用过去的失败经验"。

这位指导师在自己创建新生产线的时候，搜集了大量丰田过去的失败经验作为参考。比如过去的操作员工受伤的事例、出现残次品的事例等等，通过对这些事例进行调查，保证自己的生产线绝对不会出现同样的情况。

在生产过程中最需要注意的就是安全和品质。"绝对不能让员工受伤""不能生产残次品"，在创建这些体制的时候，过去的失败经验非常具有参考价值。


因此，过去出现过怎样的失败，通过失败总结出什么样的经验，都应该记录下来。

某指导师在丰田工作的时候，会将现场出现的失败以及由此学到的经验和教训都记在笔记本上。在丰田，像他这样将失败都记在笔记本上的人不在少数。

在我们的日常工作中难免会遇到这样或者那样的问题。我们可以将这些问题以及解决对策，甚至包括他人遇到的问题以及采取的解决对策都记在笔记本上。

只要坚持记录，失败就会成为你的宝贵财富，让你能够采取最合适的"事前一策"。

# 第四章

# 战无不胜的"问题解决力"

**工作不会来找你，只有你去主动寻找工作。**

——丰田式自动织机发明者·丰田佐吉

# 44

了解"应有状态"与"现状"的差异

丰田将"问题"定义为"应有状态"与"现状"之间的差异。

"应有状态"指的是具体的目标和基准、标准。

问题解决就是以此为基础开始的。比如某产品的生产时间，目标是120分钟，但现在却需要130分钟。

那么这120分钟和130分钟之间的差异，就是必须解决的问题。

比如你作为销售负责人每个月的销售目标是800万日元，但你实际的销售额却只有500万日元，那么这就是必须要解决的问题。

丰田经常使用"标准"这个词。所谓"标准"，指的就是现时点最优的方法和条件，工作者应该以此为基础来展开工作。

没有达到这一"标准"的情况，也必须将其看做问题。

如果没有意识到目标和基准、标准的话会怎样呢?

比如你不知道生产时间目标和销售目标或者基准，那么你也就不知道自己的现状是没有达到目标和标准的"现状"，甚至沉浸在"我已经很努力了"的满足感中。

只有意识到目标和基准、标准等"应有状态"，才能够发现问题。

在你的工作之中应该也有这样的目标和标准。

可能是销售目标，可能是完成一定的工作量。

首先从设定一个"应有状态"开始。

通过将应有状态与现状进行比较，就可以找到应该有待解决的问题。

## 设定易于理解的应有状态

如果解决问题的本人对应有状态不理解，那么这种目标就是空中楼阁、纸上谈兵。

应有状态因为价值观、经验、立场等个人状况的不同也存在着个人的差异。

比如对于某公司的社长来说，"虽然现在只是一家小公司，但总有一天要成为全行业销量第一的公司"是应有状态，而对于同公司的销售负责人来说"与客户搞好关系"就是应有状态。

"应有状态"和"理想状态"是不同的。"要是那样的话就好了"之类无法实现的愿望，最终也不会付诸实施。至少对于现场的销售负责人来说，"成为全行业销量第一的公司"就只是"理想状态"罢了。

因为立场、部门、经验等原因导致"应有状态"不同的情况下，原则上来说应该在个人能力的范围内思考"应有状态"。因为超出自身能力的目标很容易被扔在一边迟迟得不到解决。

对一个销售负责人提出"成为全行业销量第一的公司"的应有状态，只能让他感到有心无力。

指导师山口悦次这样说道，"在确立应有状态的时候，结合公司和部门的任务，以及员工个人的愿望是非常重要的"。

比如公司的应有状态是"成为行业内销量第一的公司"，与销售负责人"与客户搞好关系"的愿望有交集。那么给销售负责人设定一个"提高现有顾客20％销售额"的应有状态，不但其个人很容易理解，而且从结果上来说也可能为提高公司的销量做出贡献。

通过将应有状态转变为便于理解的个人目标，就可以让各个员工和部门都朝着"应有状态"而努力。

# 45

## 问题分为"发生型"与"设定型"

丰田将问题分为两大种类。

①发生型问题
②设定型问题

①发生型问题指的是昨天发生的问题、今天发生的问题，或者慢性化每天都给人造成困扰的问题，也可以说是没有达到已经存在的"应有状态"的问题。

对于办公室来说，"资料经常出现错误""销售负责人的访问次数太少""顾客的投诉增加""赶不上交货期""办公桌周围太乱找不到需要的资料"等都属于发生型问题。

解决发生型问题，就是将呈负数的现状恢复到零的状态。

更进一步说，在第二章和第三章中为大家介绍过的"5S"和"改善"等处理的问题，绝大多数都可以被归类为解决发生型问题。

另一方面，②设定型问题，指的是从今后半年到3年之间需要解决的问题。

本章将主要针对②设定型问题的解决方法进行说明。

在解决设定型问题的时候，尽管现状已经达到"应有状态"的基准，关键在于设定更高的"应有状态"，主动地创造差异（问题）。比如以下的事例，就是解决设定型问题。

现在的残次品率4%符合基准，但以1年后残次品率1%为目标。

销售额达到800万日元的目标，1年后以1000万日元为目标。

尽管现在没有问题，但为了今后招聘新员工，所以需要充实社内研修系统。

3年后会出现很多退休员工，所以现在增加招聘人数。

2年后消费税提高，所以现在提前构筑新的销售战略。

## 发生型问题与设定型问题

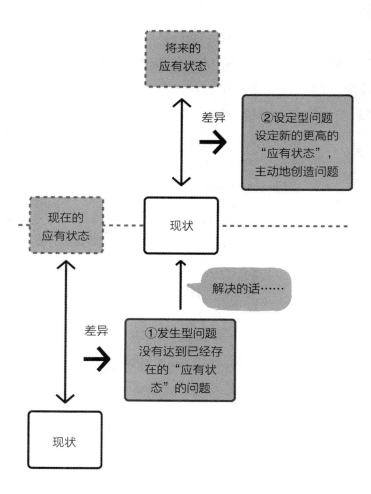

## 解决问题的能力是"最后的工匠之技"

在丰田，刚刚入职不久的新员工以解决发生型问题为主，而当新员工积累了一定的经验成为公司的中坚力量之后，就需要开始自己设定问题，解决设定型的问题。

指导师谷胜美认为，"说解决问题的能力是残留在工作现场的'最后的工匠之技'也不为过"。

在自动化飞速发展的今天，曾经被称为"工匠之技"的经验和技巧都被自动化的生产所取代。所以，在不知不觉中，工人变成了只是完成固定工作的"操作者"。

但是，即便生产实现了自动化，但"自己设定问题并且将其解决的技巧"却是绝对无法机械化的。

这不仅限于制造业的生产现场。

解决问题的能力，在销售、服务、企划开发等各种领域都是必不可少的能力。

假设你是一名销售负责人，你现在的客户群体比较偏向于年轻人，然后你设定一个"3年内将30~40岁的顾客增加50%"的"应有状态"。如果你是开发负责人，那么可以设定一个"开发出使用××技术将能源效率提高50%的产品"的"应有状态"。

在办公室工作的事务类职务也可以采用同样的思考方法。

比如，为了实现"减少加班时间"的"应有状态"，可以将之前每次都进行印刷的发票整理起来统一进行印刷，这样可以缩短工作时间，自然也就减少了加班的时间。

解决问题的能力，是所有职场人士都必不可少的能力。

# 46

## 用"未来指向型"引发革新

解决设定型问题还有另外一个分类。那就是"解决未来指向型问题"。

解决设定型问题，以半年到3年之间的"应有状态"为对象，未来指向性问题则是从中长期以及世界形势等更大的视角来设定"应有状态"，弥补与现状的差异。

从自己设定"应有状态"的意义上来说，未来指向型是设定型的发展，但从站在更大的视角考虑"背景"这一点上来说，两者之间存在着很大的不同。

这里所说的"背景"，在丰田包括以下几个方面。

世界的经济形势接下来将会有怎样的发展。

世界的汽车产业现在是什么状况，今后有怎样的变化。

日本的经济和汽车产业今后将会变成怎样。

像这样从大的外部环境开始分析，按照"丰田应该怎么做"→"自己的部门、职场应该怎么做"→"我应该做什么"的步骤最后找到自己身边的问题，这样就能够找到未来指向型问题的主题。

## 诞生于未来指向型的"普锐斯"

解决未来指向型问题时，需要拥有非常广阔的视野，所以往往会带来革新。

丰田的混合动力汽车"普锐斯"，全世界第一款燃料电池汽车"MIRAI"等革新，都是在解决未来指向型问题的时候诞生的。

在开发普锐斯之前，丰田根据对世界局势的长期观察，预测到将来可能出现石油资源枯竭，汽油价格高涨的情况，以及环境的不断恶化可能导致严峻的环境问题。

所以在不久的将来，需要消耗大量石油，并且对环境造成破坏的汽车肯定会被迫进行改革。

在这样的背景下，以"让人和地球更舒适"为宗旨（应有状态）的普锐斯诞生了。

如果只是一味地追求效率、减少浪费、提高生产等眼前的利益，那么绝对不会产生出上述的想法。只有聚焦于将来的"应有状态"上，才能够实现革新。

尽管未来指向型问题的规模很大，但在设定应有状态，弥补与现状的差异这一点上所需要做的内容，与解决发生型问题和设定型问题是基本一致的。

只是问题的主题变大了，但解决的方法并没有变化。

因此，通过在工作中不断地重复解决发生型问题和解决设定型问题，自然能够培养出解决未来指向型问题的能力，甚至可以说"每天解决问题，必将引发革新"。

丰田式自动织机的发明者，为丰田集团打下坚实基础的丰田佐吉曾经说过，"打开隔扇，外面的世界很宽广"。意思是说，不要只关注眼前的问题，还要观察世间的动向，着眼于5年后、10年后的应有状态。

这种长期的视点，不仅局限于解决问题的领域，同时也是一切职场人士的必备技能。

指导师近藤刀一这样说道，"要想让自己成长，就要经常思考自己10年后的'应有状态'"。

比如你打算在10年后成为班长带领团队取得成果，那么你就需要思考自己距离成为班长还欠缺什么，应该学习什么，必须掌握什么能力。当你一点一点地将这些不足之处弥补完成之后，你就会真正得到成长。

只是漫无目的地完成眼前的工作是无法得到成长的。

**47**

# 大问题用8个步骤解决

工作中出现的问题有大有小。

"办公桌没收拾""没赶上截止时间提交报告"这些都是比较小的问题，因为这些都是经常发生的问题，所以可以根据工作经验和直觉来建立对策，彻底杜绝同样的问题再次发生。

但是像"没有达成目标""经常出现残次品""员工流动频繁"等"大问题"，就不能仅凭经验和直觉来简单地解决了。

要想从根本上解决这些问题，需要花费一些时间，找出什么才是真正的问题。

丰田在解决这些"大问题"的时候，会按照一系列的步骤来进行。

这就是"解决问题的8个步骤"。

①明确问题

②把握现状

③设定目标

④找出真因

⑤建立对策

⑥实施对策

⑦确认效果

⑧固定成果

因为本书并不是专门介绍解决问题的书籍，所以详细内容省略，但在丰田的工作现场，每天都在按照上述的8个步骤解决设定型问题。

## 解决问题的8个步骤

| | |
|---|---|
| ①明确问题 | 按照"重要度""紧急度""扩大趋势"等视点选择应该解决的问题 |
| ②把握现状 | 将问题分层，找出"攻击目标" |
| ③设定目标 | 用数值表示具体的达成目标 |
| ④找出真因 | 用"重复5次为什么"来找出引发问题的真因 |
| ⑤建立对策 | 提出消除真因的对策，选出最有效的一个 |
| ⑥实施对策 | 决定对策之后，集合团队的全体力量迅速展开行动 |
| ⑦确认效果 | 确认对策的实行结果是否达成目标 |
| ⑧固定成果 | 为了让所有人都能够解决同样的问题，将成功的流程"标准化" |

## 48

"先决定问题"和"先决定对策"都是错误的

在解决问题的8个步骤之中，最初的"①明确问题"和"②把握现状"是非常重要的。

指导师大鹿辰己这样说道，"在解决问题的过程中，①和②这两个步骤要花费70％的时间和精力"。

特别是解决问题的第一步"①明确问题"，是最为重要的一步。因为最初设定的问题内容将决定后面步骤的进行。

但在实际工作中，直接跳过这一步骤开始着手解决问题的情况屡见不鲜。这会导致真正需要解决的问题没有解决，反而将注意力都集中在不重要的问题上。

最常见的例子就是"先决定问题"。

指导师大鹿辰己在对某公司的销售部门进行指导时发生过这样一件事。

这家公司的社长提出的"提高销售计划的精确度""促进新商品的销售"等问题内容已经固定化，而且早已下达给营业部的负责人。

如果在丰田的话，首先会从"问题是什么"这个切入点开始进行充分的分析，在明确问题之后思考解决办法。

但是，像这样不对"什么才是真正的问题"进行分析，而"先决定问题"的做法，很容易错过真正需要解决的问题，最终无法取得任何成果。

设定问题内容的时候，必须有根据。没有根据的问题，实际上很有可能并不是真正的问题。

从"先决定对策"开始解决问题的人也不在少数。

比如经常会有因为竞争对手取得了成功等理由，就决定采取"利用LINE作为公司内部交流工具"这一对策的情况。

在这种情况下，根据对策设定的问题，很有可能并不是"公司内部交流不足"这一真正需要解决的问题，结果解决的只是一些并不重要的问题。

解决问题的目的是根据问题内容来采取对策，将问题解决。如果从对策开始，那么采取对策本身就成了目的。

在设定问题内容的时候，首先要检查自己有没有"先决定问题"或者"先决定对策"。

找出实际的问题，以"真正的问题"为出发点，在解决问题的过程中是非常重要的。

## 49

选择能够用"数字"解决的问题

"问题内容"应该如何选择才好呢？

答案是根据"数字"等数据来选择问题。

指导师山口悦次对某企业进行改善指导时，正是东日本大地震发生之后不久，于是该公司将"确立海啸发生时的零件供应体制"作为问题解决的主题。

公司内部在海啸灾害预警地图上，将自己公司的主要零件供应商的位置都标示出来。

结果发现所有的供应商都在海啸影响范围之内，从而认识到"90%以上的产品都无法正常生产"这一令人震惊的事实。

看到"90%以上的商品都无法生产"这个数字，该公司立即认真着手解决这个问题。

## 要关注"数据"

如果不能让与问题相关的当事人认识到问题的重要性，那么问题解决就无法持续下去。

特别是在以尚未出现的问题为主题的设定型问题的情况下，因为危机和麻烦并没有出现，所以这种问题很容易被忽略。

因为每个人对待"想要××"的态度不同，所以并不是所有人都能够理解问题的重要性。

但是如果将问题用"数据"表示出来，那么就很容易让当事人产生出"必须解决××"的意识。

在设定问题内容的时候，应该将关注点集中在销售额、利润率、投诉数量、残次品率、工作时间、普及率等"数据"上。

如果数据出现异常，那么这就是发生问题的证据。这其中一定存在着必须被解决的问题。

"最近销量不太好。"

"最近投诉好像增加了。"

只有这种个人主观上的感觉，无法使人认识到问题的严重性。

"利润率下降了10%。"

"投诉比上个月增加了30%。"

通过看到这些数字，需要解决的问题就会很清晰地浮现出来。

# 50

**发现问题的8个视角**

要想发现需要解决的问题应该怎么做呢？

丰田利用以下8个视角来发现问题。

①烦恼的事、困扰的事

最简单的办法就是写出现在使你烦恼的事和困扰的事。

"公司官网的浏览量太低""顾客投诉频发""经费相关资料的错误太多""最近加班太多"等，不管是公司整体还是个人层面都无所谓，尽可能多地列出问题。

在丰田，同事们会在一起回忆自己的烦恼和困扰，从许多不同的视角来观察问题。

②从4M的视角来发现

如果不知道应该从何入手的时候，可以从以下"4M"的视角来进行思考。因为这种方法可以直接在脑中进行整理，所以非常方便。虽然4M是主要应用于制造业的视角，但也同样适用于办公室的工作。

人（Man）——是否具有工作能力和技能，人手是否充足。

机械（Machine）——设备（电脑等）是否存在故障，使用起来是否方便。

材料（Material）——原料和情报是否存在问题。

方法（Method）——是否还有其他更有效率的做法，这种方法是否麻烦。

③与上级方针进行比较

将自己与自己部门的现状与公司和部门等上级方针进行比较。比如公司的年销售额比去年增加了10%，而自己部门的成绩却只比去年增加了3%，这就必须被看做是问题。

④给后工序制造麻烦

如果遭到后工序的投诉，那么你的工作肯定存在问题。在办公室的工作中，如果出现资料提交不及时，资料不全遭到退回，遭到上司提醒的情况，就必须被看做是问题。

⑤与基准进行比较

基准是"正常与否"的判断轴，与"标准"的不同之处在于，基准可以用数值表示。在制造业的情况下，如果与基准的规格和型号出现差异，那么就必须被看做是问题。

⑥与标准进行比较

"标准"是现时点最好的做法和条件。比如"企划书的完成度""销售负责人的销售流程"等，在某种程度上都有一个"标准"。与之进行比较，可以发现自己的不足等问题。

⑦与过去进行比较

确认与过去的数值和状态相比是否出现恶化。比如去年的投诉率只有1%，今年却达到了4%，这就有问题。

⑧与其他部门进行比较

与公司其他部门的数值和状态进行比较。比如经费计算资料的错误比其他部门多，那么自己部门的做法很有可能存在问题。

# 51 💡
## 用3个视角来分析问题

找出问题内容之后，谁都想尽快将问题解决，但解决问题需要花费时间和精力，不可能一蹴而就。

在这种情况下，就需要将发现的问题进行分析，决定优先顺序。

当然，问题总是会同时出现。尽管在某些情况下必须同时解决多个问题，但重点还是应该放在基本的问题上，如果力量过于分散，在解决问题的过程中很容易半途而废。

所以，将问题内容总结起来，一个一个按顺序解决是解决问题的基本原则。

那么，我们应该按照怎样的基准来分析问题呢？

比如"出现残次品"的问题和"办公室内壁纸脱落"的问题，当然前者的重要度和紧急度更高，应该优先解决。

但实际上，任何问题都是重要且紧急的。

在丰田，主要用以下三个视角来对问题进行分析。

①重要度

②紧急度

③扩大趋势


①重要度，指的是问题影响波及的"范围"和"大小"。

从"影响范围"的角度来说，与给公司内部造成困扰的问题相比，商品的品质和服务等可能给顾客造成影响的问题，造成影响的范围更大，所以是"重要度更高"的问题。

从"影响大小"的角度来说，"品质差""残次品多""赶不上交货期"等问题会损害公司的信用，影响很大，是必须立即解决的问题。

②紧急度，指的是"如果不立即采取对策，会造成怎样的影响"。

比如，如果置之不理，可能会出现未能达成目标，无法应对生产变动，遭到客户投诉等问题，那么这就是"紧急度高"的问题。

③扩大趋势，指的是"如果置之不理，影响会扩大到什么程度"。

比如当月销量没有达标的情况，还有持续扩大的趋势，如果不采取对策，那么就无法达到年度销售目标。在这种情况下的扩大趋势就不能忽视。

存在多个问题的情况下，可以根据这三个视角来进行综合判断。

另外，进行判断时的关键在于从多个视角来进行判断。

用一个比较直白的比喻来说的话，即便是恋爱中的男女，如果对方说"喜欢你的一切"，可能也没有太大的喜悦吧。

但如果对方说"喜欢你温柔的性格和做饭好吃"，那么说服力就不一样了，因为这里面有很明确的内容。

与此相同，用多个不同的视角来对问题进行分析的时候，可能能更好地认识到这个问题的严重性。


在找出问题时的视角不只重要度、紧急度、扩大趋势三种。

根据不同的情况，可以使用三个重要度的指标，还可以用"实现的可能性"（是否能够得到实现的视角）等其他的指标来进行替换。

还可以根据项目的重要性来自定义视角。

# 52

用"现场、现物"来确定问题点

当发现应该解决的问题内容之后，就需要进入解决问题的8个步骤的第二步"把握现状"。简单来说，就是将问题分解。

一般来说，所有的问题都是由小问题组成的大问题。所以，在发现问题时，这个问题很有可能是又大又模糊的问题。

比如"新员工的稳定性很差"这个问题，就是由许多要因组合在一起导致的。

这时应该将大问题分解，使其成为自己能够解决的具体的小问题，也就是说，确定需要解决的"攻击对象"。

在将问题进行分解时有一点需要特别注意。那就是"利用现地和现物来确定问题点"。

前文中介绍过的"现地和现物"是丰田非常重视的思考方法，只有通过现场才能看到真实的情况。

去现场用自己的眼睛进行确认。

通过客观的数据找出数字中的偏差。

亲自进行尝试。

倾听客户、经销商、相关部门员工的意见。

像这样用自己的眼睛和耳朵来确认实际发生的情况，就可以看清问题的真相。

像工厂这样工序清晰，提取数据也比较容易的现场，可以很轻松地通过现地·现物来发现问题。但是在以事务系和企划系等为主的办公室，工作的流程不像工厂的工序那么清晰，也难以提取定量的数据。

在这种情况下，可以通过整理自己的工作流程来发现问题的真相。

## 将自己的工作流程分解

任何工作都有流程。只要有成果，就有实现成果的流程。

比如针对"企划提案被客户采用的几率很低"这个问题，我们可以将到提交企划工作划分为多个阶段。

①决定企划主题。

②搜集情报。

③分析市场。

④整理企划书。

⑤提交给客户。

将自己的工作流程分解之后，就可以找出问题究竟出在哪里。

企划的主题不好？搜集的情报不准确？分析的市场不对？企划书或者幻灯片的格式不好？对客户表述时有问题？

将工作的流程分解的越详细，越容易找到问题的关键。

# 53 💡

## 解决问题要脚踏实地

在决定需要解决的问题时，最常犯的一个错误就是急功近利地想要"从大问题开始解决"。

比如针对"提高销售额"这个问题，能够提高销售额的一切方法都是应该采取的对策，大概想到的对策有100种以上吧，但却不知道应该从何处入手。

在这种情况下，可以将问题集中在"增加××地区的销量""增加网络销售的销量"等对象上，这样更容易找到合适的对策。

大问题绝对不能置之不理，但如果急功近利地想要大问题一下子彻底解决，那只会以失败告终。

如果将大问题分为A~D的4个小问题，然后根据重要度和紧急度进行分析，那么就可以将力量集中在一个问题上进行解决。这种思考方法是非常重要的。

对于无法立即解决的大问题，从小问题开始解决是最好的办法。通过解决小问题来一点一点地解决大问题，可以提高解决问题的效率。

将大问题分解，使其变为许多小问题的过程中，很多人会从似乎能够立刻取得效果的中问题开始解决。

但这样的问题可能在自己的责任范围内无法解决，或者花费大量的时间和金钱，结果只能以失败告终。

不管是大问题、中问题，还是小问题，因为都是联系在一起的，所以问题的结构本身并没有变化。也就是说，即便从小问题入手，只要能够切实地将其解决，那么中问题和大问题终将得到解决。

比如"销售业绩不佳"这个大问题。

造成这一问题的原因之一是"对顾客数据没有进行统一管理"，要想解决这个问题需要采取改变公司内部的销售系统等很大的对策，所以要想解决这个问题并不简单。也就是说，分解到这一步只是中问题。

将这个中问题进一步分解，就会发现"其他的销售负责人无法回答顾客提出的问题"的小问题。

这样只要采取"共享销售日报"等比较简单的对策就可以解决这个小问题。

特别是对于还不习惯解决问题的人，不应该选择比较大的问题，而应该首先从身边的小问题开始着手解决。

在解决问题的时候最忌讳的是，面对必须解决的问题，却以"太费时间"为由对其置之不理。

## 解决小问题就是解决大问题

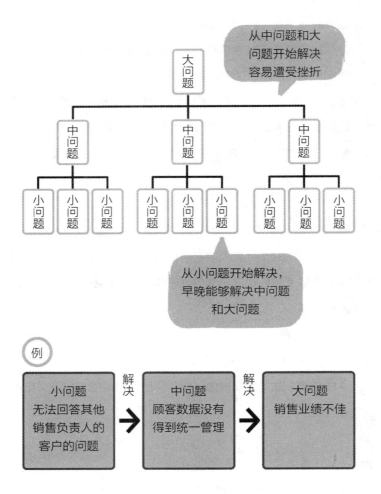

从中问题和大问题开始解决容易遭受挫折

大问题

中问题 中问题 中问题

小问题 小问题 小问题 小问题 小问题 小问题 小问题 小问题 小问题

从小问题开始解决，早晚能够解决中问题和大问题

例

小问题
无法回答其他
销售负责人的
客户的问题

解决

中问题
顾客数据没有
得到统一管理

解决

大问题
销售业绩不佳

# 54

**重复5次"为什么"**

在解决问题的过程中，最重要的是找出真正的要因，也就是找到真因。

通过消除真因，可以达成目标，解决问题。

正如前文所述，在丰田的工作现场最常听到的一句话就是"寻找真因"。

所谓真因，就是导致问题发生的真正的要因。这是在通过5S和改善寻找问题和浪费的原因时也能够用到的技巧。

在寻找问题的真因时，会列举出许多的"要因"。比如针对"年轻的销售负责人在1年内辞职的比例为50%"这一问题，可以列举出100个以上的要因。

但是，随便抓住一个眼前的要因将其解决，如果这并非真因，那么只是消除了眼前的要因，随后还会遇到同样的问题。

所以关键在于找出导致问题发生的真因，力求从根本上解决问题。

指导师们经常说，"重复5次为什么是丰田的文化"。

丰田会通过不断地重复"为什么"来从众多要因之中找出真因。

有时候只要重复两三次"为什么"就可以找到真因，但对于还不擅长解决问题的人来说，可能会在并没有找到真因时就做出"这就是真因"的判断。

只有不厌其烦地重复四五次"为什么"，才能够更加逼近真相。

让我们来思考一下"年轻的销售负责人在1年内辞职的比例为50%"这个问题。

针对这个问题不断地重复"为什么"，可以发现如下几个要因。

【问题】年轻的销售负责人在1年内辞职的比例为50%

（为什么①）为什么辞职……因为他们在销售部门不稳定。

（为什么②）为什么不稳定……因为无法达到销售目标。

（为什么③）为什么无法达成……因为他们按照自己的方法进行销售。

不擅长解决问题的人，到这一步就停止了。他们会认为"按照自己的方法进行销售"就是真因，然后采取"让上司或前辈进行协助"的对策。

可是，即便得到了上司和前辈的协助，年轻的销售负责人的业绩仍然没有得到改善。因为上司和前辈的水平也是参差不齐，无法很好地教导新人。

也就是说，"按照自己的方法进行销售"并不是真因。

那么继续重复第四次、第五次的"为什么"结果又会怎样呢？

（为什么④）为什么他们按照自己的方法进行销售……因为没有教他们系统销售的方法。

（为什么⑤）为什么没有教……因为没有销售流程的"标准"。

没有销售流程的标准，这才是真正的要因，那么只要采取"创建销售流程的标准"的对策，任何人都可以对新员工传授销售的方法。

当然，并不是所有问题都是重复5次"为什么"就能够找到真因。有时候可能只要2~3次就找到了，有的时候要十多次才能够找到真因。关键在于，不要在寻找真因的过程中就草率地认为"这就是真因"，而是应该坚持到最后找到导致问题发生的真正原因。

# 55 💡
# 在自己的能力范围内解决"真因"

在寻找真因的过程中，有一点非常重要。那就是要在自己的能力范围内寻找能够解决问题的真因。

比如"业绩不佳"，如果是因为"世界经济不景气"的话，那么你对这个问题就会束手无策。

销售部门在思考真因的时候，经常会错误地将真因归结在制度上，比如"销售负责人的活动量少，是因为人事考核制度有问题"。

有的时候会做出"因为顾客公司的方针改变了""因为目标客户群体太少"之类"顾客有问题"的结论。

就像我们不能要求顾客做出改善一样。在解决问题的时候，也不能够将责任转嫁到外部要因之上，而应该在自己的能力范围内寻找能够对应解决的真因。

如果不这样做，就会以"是××的问题"结束讨论，但问题却得不到解决。

生产部门因为"购入的零件有问题"而要求供应商做出改善的

情况另当别论，但绝大多数情况下，在自己的能力范围内解决问题是基本中的基本。

不过，有的时候会出现真因必须得到经营层或者其他部门协助才能够得到解决的情况。在这种情况下，关键在于尽量将行动落实到自己能够控制的范围内。

如果在得到同事的协助和上司的许可后，能够采取更加有效的对策的话那自然无可厚非，但绝对不能将问题一股脑地全都扔给同事和上司，因为别人不会认真负责地帮你处理问题。

在寻找真因的时候，必须要从"是否能够在自己的能力范围内解决"的视角来进行分析。

# 56

## 对待问题不能想当然

在寻找真因的过程中还有一点也非常重要，那就是不要想
当然。

在寻找真因的过程中，经常会出现将要因误认为是真因的情
况，这就是想当然导致的失误。

比如"只有特定的员工能够进行A工作"这个问题。

对这个问题重复"为什么"，会得到以下的结果。

①其他的员工不能够进行A工作

为什么

②因为谁也不会A工作

为什么

③A工作没有工作手册

为什么

④身为上司的科长认为没有工作手册也无所谓

为什么

⑤因为部长将一切工作都交给科长负责

为什么

⑥因为部长的管理方法有问题

最终的结论是"部长的管理方法有问题",但在这种情况下,我们不可能采取更换部长的对策,所以问题得不到解决。

从这个结论上来看,从①开始就已经是带有感情因素在进行分析了。"科长认为没有工作手册也无所谓"这只是想当然的推测罢了。

如果"为什么"没有以事实为基础,那么就会向错误的方向发展。

在这个事例中,真因是"③没有工作手册"。只要有工作手册,那么任何人都可以进行A工作,所以没必要继续用"为什么"挖掘要因。

一定要注意,不要因为个人的"意识"和"感情"影响到对真因的判断。

比如"××先生没有干劲",就只是想当然的感情因素。或许××先生本人实际上是干劲十足。

站在客观的角度发现"意识"和"感情"判断的原因,可以将其作为要因,但不能作为真因,还需要继续重复"为什么",对问题进行分析。

通过继续思考"为什么没有干劲",进一步寻找原因,就会发现"因为不知道工作的方法""因为考评制度有问题"等真因。

# 57
## 问题对策的10个视角

找到真因之后，就要开始思考消除真因的对策，应该根据真因尽可能多地思考对策。

有时候你可能会根据经验立刻想到"这个真因用这种方法最有效"的对策，但有的时候因为真因的复杂性而迟迟找不到合适的对策。

在这种时候，你可以根据以下列举的10个视角来思考对策，而且这些视角不但可以用在解决问题上，还可以用在改善上。

①转用

寻找有没有其他的使用方法。如果拿到其他的生产线或者部门还能不能够使用。比如，某销售部门的成功经验能不能应用在其他销售部门。

②借用

能不能借用类似的方法。思考能够借用的商业模型和过去类似的课题，寻找能够借用的解决方案。

找专家和对业界很了解的人，或者对其他领域拥有专业知识和经验的人商谈也是很有效的方法。

③变更

尝试是否能够进行部分改变。比如，改变颜色、声音、外形、温度、设备和人员的责任与名称等。

④扩大

尝试扩大或者延长。将工作空间或者工具扩大，将传送带延长。延长时间，增加频度都属于扩大的方法。

⑤缩小

尝试缩小或者缩短。将工作空间或者箱子缩小，缩短步行距离和时间，减少频率等。对于办公室来说，减少会议和资料也是方法之一。

⑥代替

将一部分或者全部用其他的人员或者事物来代替。比如用其他的产品或者零件来代替，用外包代替自己生产。

⑦更换

尝试变更配置和人员。尝试更换不同的工作。有时候通过更换工序就可以解决问题。

⑧颠倒

将东西上下左右颠倒。将员工和监督者的职务颠倒。将工序颠倒。

⑨结合

尝试进行组合。手机和相机的结合就是其中的代表。将组织和人员重新组合，将许多人的创意组合在一起。

⑩消除

尝试消除这项工作。减少工作的流程和人数。

# 58

立刻实行对策

假设针对"销量降低"这一问题的对策是"对中部地区的公司进行销售"。

这时，很多人会在自己的脑海中对这一行动加以限制，"中部地区有很多竞争企业，我们的产品一定很难卖吧"。然后选择有利于自己销售的对象进行销售。

但是，不按照对策方案执行，不但有可能导致失败，还无法取得成果。并非只有成功才能取得成果，失败的结果也属于成果。

失败就是存在问题的证据。立即实行对策，就相当于撒下了解决问题的"种子"。

如果想进一步解决这个问题，那么"对中部地区的公司进行销售"的对策一定会发挥作用。

实行对策的关键在于一定要坚持到底。

指导师大鹿辰己曾经用"百闻不如一见"来形容坚持的重要性。

百闻不如一见、百见不如一思、百思不如一试、百行不如一果，这句话的意思是说，"如果没有最终的成果那就毫无意义"，问题解决也是一样。

以取得成果为目的坚持行动才是最重要的。


## 创建发表成果的环境


在解决设定型问题的时候，因为问题是隐性的，所以就算决定了对策，也因为日常工作过于繁忙，而将实行对策的时间一拖再拖。

指导师近江卓雄认为在这种情况下，"创建一个发表成果的机会是非常有效的方法"。

丰田通过QC小组和创意奖励制度，以及阶级研修等场合来创造解决问题和发表成果的机会。如果有这样的制度，那么对策的实行必然不会一拖再拖。

在解决可能对公司的经营造成巨大影响的问题时，可以召开包括经营层在内参加的报告会和发表会对解决方案进行分析。如果没有经营者和管理层的参与，很难确立解决问题的企业文化。

如果公司里没有发表解决方案的场所，可以对上司明确表示"我要开始解决这个问题"，用来作为自我的一种约束。

给自己一个必须去做的理由，这样就可以防止对策迟迟得不到实施的情况。

# 第五章

# 就算只有一个部下
# 也要发挥"领导力"

**人只有在遇到困难的时候才会产生智慧。**

——丰田汽车工业原副社长·大野耐一

# 59

🔊

# 制造自己的"分身"

丰田非常重视能够培育出优秀部下的人。

丰田的原会长丰田英二说过这样一句话："工作是由人来做的，所以要想开展工作首先必须培养人才。"

就算拥有非常优秀的设备和十分高效的生产体制，但如果没有能够将这一切利用起来的员工，那么其他的一切都毫无意义。

所以，与"工作能力强"的领导相比，丰田更看重的是能够使部下得到成长的领导。

"丰田重视工作成果，但同时培养出多少自己的'分身'也是评价的重要基准"。

这句话出自曾经在丰田担任科长的指导师中岛辉雄。

如果能够培养出即便在上司离开之后仍然能够顺利进行工作的"分身"，那么这种"人才培养"的组织文化也会被继承和发扬下去。

在丰田，因为领导在升迁之前都会培养出自己的"分身"，所以即便领导离开，组织也不会就此停滞不前。

但是，在很多公司之中，并没有这种培养"分身"的体制。因为他们每个人都忙于提高自己的业绩，根本没有时间去培养别人。

指导师鹈饲宪对某公司进行指导时，发现有一位可以被称为"抵抗势力"的等着退休的老部长，这位老部长对现场的改善态度非常消极。不仅如此，他为人还十分严厉，部下都很怕他。

部下们因为"就算提出改善方案部长也不会同意"而缩手缩脚无法展开工作……

鹈饲认为这样下去根本无法进行改善，于是带着提出改善方案的年轻员工们一起和老部长进行谈判。鹈饲这样说道："部下可以说是你的后继者，但是你对这些后继者是怎样培养的呢。当你退休之后，部下就将成为这家公司的中流砥柱。你否决了改善方案，就相当于扼杀了部下成长的机会。如果你在清楚了这一点之后仍然不接受部下提出的改善方案，那么我将和××先生一起与负责人进行直接交涉。"

## 领导的工作不是"做指示"而是"培养"

老部长当场表示今后会对部下的改善方案提供帮助。指导师和年轻员工们都松了一口气。

第二天，在发表改善成果的报告会上，这位部长亲自拿着发表用的资料，对部下的发表提供协助。对这位部长非常了解的经营层和他的部下都大吃一惊，"那位老部长竟然会提供协助……"

其实这位一直被部下敬而远之的老部长，只是不擅长与人交流罢了。当他看到自己的部下能够主动进行改善，并且在自己的协助下取得了成果，心里实际上是非常高兴的。

越是优秀的领导，越容易什么事情都自己干，而对部下则只是单方面地下达"做这个""做那个"的指示。

但是，如果你不培养能够接替你的下一任领导，那么你就需要一直待在现在的位置得不到晋升，对于公司来说人才的新陈代谢也会停滞不前。

制造自己的"分身"也是领导的职责之一。就算你只有一名部下，也要以将他培养成你的"分身"对其进行培养。

# 60 🔊
## 聚集"人望"

你的工作以什么作为评价基准呢？

或许是看得见的数字或定量等"成果"，特别是身为领导的人，必须取得成果才行。

在丰田，尽管取得成果是基本任务，但这并不是丰田做出评价的唯一标准。

丰田对领导的评价标准和要求非常明确。

那就是不但要取得成果，同时还要培养部下。

丰田对管理职务进行人事考核的时候，"人望"是非常重要的评价项目。

除此之外还有"课题设定力（20%）""课题执行力（30%）""组织管理力（20%）""人才活用力（20%）"等项目，"人望"占10%的比率。

丰田的领导职务越高，对人望的要求也越高。

尽管人望在人事考核中的比率只占10%，但在其他企业之中从未见过有类似的考核要求，所以这也可以说是丰田独特的评价项目吧。

那么，丰田的"人望"究竟指的是什么呢？

指导师山田伸一说："在针对管理职务的职能考核表上，'人望'一栏中写的是'成员的信任感、活力'。"

"简单说，就是有没有得到部下的信赖。让部下想要成为像自己一样工作能力强而且值得信赖的人，这样的人就被认为是有人望的。让员工自己也想成为那样的人，所以会心甘情愿地一直追随着他。"

最终的结论就是，让部下心甘情愿地跟随自己。


因为丰田每天都通过改善和解决问题使自身不断进化。所以丰田才能够将从没有人实现过的"应有状态"作为自己的目标。

领导也必须以谁都没有经历过的"应有状态"作为目标，带领自己的团队前行。

这时，领导最需要的就是"人望"。

"虽然不知道能不能真的实现那个应有状态，但既然是那位上司（前辈）说的一定没问题。"

只有让部下产生这样的想法，领导才能够带领部下和团队走向应有状态。否则的话，一旦遇到困难的问题，部下就会产生出"没法跟着他干了"的想法，将上司抛弃。

关心部下，让他们感受到工作的乐趣，经常身先士卒，冲锋在前。这样，你就会得到部下的信任。

# 61 📢

## 传授"看事物的方法"

　　丰田通过在现场的工作过程来传授"这样才好""这很重要"的分析方法。

　　尽管"过程"终点的"结果"也很重要，但不能只看结果而责备部下。达到结果的过程更值得重视。所以，就算没有取得结果，只要过程没有错，那么也应该正确地评价"这种做法没有错"。

　　指导师村上富造这样说道，"就算没有取得成果，但只要过程是正确的那就不应该批评部下。"

　　比如在组装生产线上工作的部下，没有将某个零件放在"标准"规定的位置。

　　如果你训斥部下"为什么没有放在规定的位置"，部下或许会对你感到畏惧，却不见得能够理解按照"标准"工作的理由。

　　部下没有按照"标准"行动，肯定是有原因的。意识到这一点的村上对部下进行了询问。

"为什么把零件放在这里？"

"虽然前辈也教过我们'标准'，但这样将零件放在面前可以不用换手。我觉得这样工作起来更有效率。"

"了不起，你很有想法。确实这样做也有好的一面。"

因为部下认为自己的做法更有效率，所以他的工作过程本身是值得肯定的。在对部下进行表扬之后，再告诉他按照"标准"放置零件的重要性。

"为什么前辈让你把零件放在'标准'规定的地方呢。你只考虑到了生产效率。但从品质的角度来考虑，如果放在你的这个地方，很有可能出现忘记安装零件的情况。所以，'标准'才规定将零件放在那个地方。但是，你的想法也不错，希望你能够想出一个生产效率和品质两全的办法。"

工作得到肯定的部下，改善意识也变得更加积极，员工开始自己主动地思考"有没有更好的办法"。

## 教给部下"这很重要"的价值观

上司如果只看部下的工作结果，一旦部下没有完成工作，很可能会在训斥部下"为什么这么简单的工作都做不到"之后，自己亲自去完成工作。

虽然这样做能够暂时性地解决问题，但却无法培育部下。

只有在现场确实地教给部下"这样才是正确的""这很重要"，部下才能够得到成长。

丰田名誉会长张富士夫这样说道，"人才培养，就是价值观的传承，是传授'看事物的方法'。"

如果不传授看事物的方法，部下就找不到判断和行动的根据，那么你的组织就只是一个依赖个人能力和判断的组织。

"这种情况，应该用这样的想法和行动。"只有将这样的价值观渗透给部下，你的部下才能够提出好的创意，正确地解决问题。

# 62 📢

## 不要一开始就告诉答案

最近越来越多的年轻人只懂得等待别人的指示，也就是说，如果没有上司的命令，那么他就不会提高自己工作的附加价值。

部下变成只会等待指示的部下，上司也难辞其咎。

因为上司总是直接告诉部下"去做这个""去做那个"。

被动进行的工作，员工的主人翁意识淡薄，不但不会进行改善，还容易出现失误。

丰田的上司绝对不会一开始就告诉部下答案，而是给部下自己思考的机会。

指导师原田敏男说，为了让部下产生主人翁意识，不要一开始就告诉部下答案，而是应该通过交流让对方自己思考答案。

当部下来找你商谈说"这地方不太顺利"时，你首先应该询问他"你认为怎样做才好"。

如果部下做出了合适的回答，那么你就让他去进行尝试，如果部下实在想不出好办法，那么你可以给他一些提示"这样做行不行""试试这个方法"。

单方面地下达"请这样做"的指示，难以让部下产生主人翁意识，而且一旦出现问题，部下还会有"都是上司让我这样做的"之类的借口。

但是，如果是部下自己思考出来的方法，那么他们就会产生出主人翁意识。

一开始不告诉部下答案，通过让他们自己思考来寻找答案，可以让部下在工作时更有责任感。

想要对现场进行改善时，也不能不由分说地做出"请这样做"的指示，因为这样很容易引起对方的抵触情绪。

正确的做法是让在现场工作的人思考改善的方法，让他们自己找到需要改善的地方。

比如对办公室环境进行改善时，不要单方面地下达"对办公室进行整理和整顿"的指示，而是应该询问"办公室的环境有没有让你感到困扰的地方"，让部下自己思考问题所在。如果部下意识到"东西太多没地方放文件夹"等问题，那么就会自然而然地产生出"应该怎么办才好呢"的智慧。

与部下共享问题意识，一起思考改善方案，可以使员工更加积极地进行改善。

## 让员工自己做决定

指导师加藤由昭指出，当部下找你商谈的时候，不要立刻给出答案，关键在于让部下明确自己的"目的"。

如果部下问你"我想做这件事，怎么样"，那么你应该反问"为什么想做这件事"。

让部下明确自己行动的目的。

比如部下的目的是"销售业绩比去年提高8％"，那么自然而然地就会发现接下来应该做什么，应该怎么做。就连"可以这样做，也可以那样做"之类的手段也不言自明了。

人类的大脑在被输入"问题"的时候，会自动地输出"答案"。反之，如果输入"正确答案"的话，那么对方很容易会放弃思考。

自己找出的答案比别人告诉的答案更容易理解，也更容易转化为行动。如果将"被动工作"的意识转变为"用自己的智慧进行思考，自己主动工作"的意识，那么工作就会变得更加轻松和快乐。

不要替部下做决定，而要让部下自己做决定，这样你的部下才会更愿意跟随你。

# 63

**给部下出难题**

丰田有"上司给部下出难题"的企业文化。

丰田的原副社长大野耐一就曾经用"能力、脑力、恼力"来说明"烦恼的重要性"。

越是烦恼的时候,越能够产生出智慧。如果没有遇到困难,那么过去的知识和经验就会成为阻碍,使你停止思考。

高效地完成工作的"能力"和进行思考的"脑力"都非常重要,而为了发挥上述两者的力量,"恼力(烦恼的力量)"也是必不可少的。

在丰田,"如何让部下感到烦恼"是上司的职责之一。

指导师村上富造认为,对于组长和工长这样的中坚人才,更应该给他们难度较高的课题。

比如"将成本降低50%"之类的课题。因为丰田已经通过每天的改善在不断地削减成本,所以将成本再降低一半就像是在干毛巾中拧出水来一样困难。

不出所料，部下回答说"那是不可能的"，但这也说明部下进行了思考。

## 越是不可能的课题，越能够激发出与之前完全不同的想法和智慧

更高层次的改善，如果只在现有基础的延长线上是不可能实现的，必须站在更高的视角或者改变看问题的角度。

比如"将成本降低50%"的课题，必须以鸟瞰的视角来审视整个生产流程，将前工序和后工序全都考虑进来。

只有在这样的情况下，才能发现与之前完全不同的想法和智慧。

假设站在更高的视角进行思考和尝试的过程中，部下发现后工序存在的问题，然后与后工序的人进行了交流。

于是部下认识到"似乎能够削减30%的成本"。

上司在这个时候就可以出马了。

首先询问"怎么样？能行吗？"，部下的回答是"能够削减30%，但50%实在是太难了"。

那么上司在对削减30%这一成果进行褒奖之后，再给出建议。这样一来，部下就会更有干劲地为了实现削减50%的目标而努力工作。

越是有能力的部下，越是要给他出难题。

经过烦恼和努力之后解决的问题，会给人带来极大的自信，使部下飞速成长。

# 64

## 领导要有"敢于放手的勇气"

某指导师根据自己在丰田工作时的经历，提出"领导要有敢于放手的勇气，部下要有敢于承担的勇气"。

当时，丰田在所有的工厂都开展了"生产竞争"的活动，目的在于提高各个工厂的生产效率。

这位指导师的上司对他说，"这是一个好机会。就算机器坏掉也没关系，放手去做吧。"

不过即便得到指示，人类也往往难以采取行动。特别在当时，这位指导师负责的设备老化很严重。如果以生产竞争为目标强行启动的话，设备很有可能会坏掉。

但上司却对他说"失败也不要紧，放手去做吧"。于是指导师就按照上司的指示，将自己负责的设备全速运转起来。

一开始，指导师负责的设备的生产效率确实很高。尽管周围的人有些担心"那台机器以这样的速度运转会坏掉的"，但设备确实运转了一段时间。不过一个月后，周围人的担心变成了现实。

设备因为出现故障而停了下来，生产也就此停止，还因为"出现残次品"而造成了很大的影响。

但是让他"放手去做"的上司，并没有责备这位指导师，而且专门赶来现场查看问题的专务也没有责备这位指导师。

"发生了什么事？"

"设备坏了。"

"有人责备你吗？"

"不，没有任何人责备我。"

"是吗，那我就放心了。"

这位指导师说，当时他的心底感到一股暖流。"不必害怕失败，放手去做"也在他的内心深处打下了深深的烙印。

## 承担失败的责任，同时也要留有退路

领导让部下放手去做，尽管有时会遭遇失败，但部下能够从中学到很多经验，部下不断积累宝贵的经验，工作能力就会变得越来越强大。

面对全新的挑战，几乎可以说百分之九十九都会以失败告终。越是熟悉现场的人越清楚这一点，越清楚这一点，越容易畏缩不前。

所以这个时候领导必须有敢于让部下放手一搏的勇气。

当部下产生出"可能会失败"的不安时，领导应该告诉部下"我来承担责任，你大胆地去做吧"。当看到上司有这样的勇气时，部下也会敢于迎接挑战。

但是在这个时候有一点需要特别注意，那就是身为领导必须要为万一的时候留条退路。

当部下进行挑战时，一旦出现失败领导要及时想出对策。比如，就算设备损坏了，也可以通过其他的方法保证生产能够继续进行。

正因为有领导为自己可能出现的失败做出应对，所以部下才有敢于挑战的勇气，这一点是非常重要的。

## 65

# 不要只传授"知识"，更要传授"智慧"

丰田在传授工作经验的时候，非常重视理论与实践相结合的方法。

丰田的培训不会在理论课程之后就结束，因为只有理论的话，很容易在几天之后就全都忘光了。所以，将学到的东西尽可能地当场进行实践是丰田培训的铁则。这就是理论与实践相结合的方法。

指导师冈村靖这样说道，"没有实践的理论培训毫无意义。"

冈村在对客户企业进行指导时，就坚持在理论培训后立即进行实践。如果当天没有时间，那就第二天尽早进行实践。

鱿鱼丝虽然看起来不怎么美味，但越嚼越香。实践也一样，仅凭理论培训搞不懂的地方，实践后就会发现其中的奥秘，这就是"智慧"。

现在互联网络极其发达，通过网络可以获得一定程度的"知识"。另外，通过在学校学习和参加研修也可以得到知识。绝大多数的知识都可以用钱买到。

但是，通过实践得到的"智慧"，却是金钱买不来的。这是只有在现场亲自实践过之后才能够得到的。

举一个不太恰当的例子，不管你对小孩子说多少次"不要用手碰热水会被烫伤"，小孩子也不能完全理解。

但是如果小孩子碰到了热水，就会亲身体验到"不能用手碰热水"的智慧，并且将其牢牢记住。

"听→见→感"，只有经过这样的过程，才能将学来的知识变成自己的智慧。

# 66

## 传授、实践、监督

"理论与实践相结合"。或许很多公司都采取这样的方法，但是，丰田在"理论与实践相结合"之后还有持续的"监督"。

假设你向部下传授工作顺序。在你示范过后让部下亲身实践，部下做的也很顺利。但是你不能在这个时候就以为"我教完了，作为上司的工作完成了"。

你必须时刻监督部下是否掌握了你所传授的内容，这种监督需要一直持续到部下将所学到的内容彻底牢记于心为止。

指导师近藤刀一这样说道，"在丰田，有很多上司会对部下进行彻底的监督。"

丰田的工作现场都有一个用来表示每天生产效率和残次品率的管理板，有位科长每天都会检查这个管理板，然后将自己发现的问题和想到的点子写在上面。

比如，当他接到部下的报告"因为残次品率提高了，所以我们改善了拧阀门的方法"，那么他会询问"检查油了吗"，从别的角度提供进一步改善的建议。就算没有建议，他也会盖上自己的印章证明自己已经检查过了。

一般来说，尽管资料上都有需要上司盖章的位置，但实际上绝大多数的上司都只是象征性地盖一下章，并没有阅读这份资料。

但是在丰田，像那位科长一样持续对部下的工作进行监督的上司不在少数。只有这样的领导才能够提高现场的士气，实现真正的团队合作。

## 只"传授"是远远不够的

指导师堤喜代志就曾经因为没有做到对部下的监督，而遭到上司的责备。当时堤刚刚担任管理监督者。

有一次，后工序对他的品质进行了投诉。堤为了改正遭到投诉的部分，而对负责这部分生产的员工下达了指示。负责的员工对他说"好的，我明白了"，于是堤以为这样就可以了。

后来在开会的时候，上司提到了堤所负责的部门发生的品质问题。

上司问他"那次的问题怎么样了"，堤回答说"我已经对负责的员工做出了指导。大概已经没问题了吧"。但是上司却并不买账。

"'大概'可不行。现在去现场看一看吧。"

结果大家到现场一看，负责的员工根本没有按照堤指示的内容工作。于是堤遭到上司严厉的斥责。

丰田的领导者们，在经历了几次类似的情况之后，就会牢牢记住"传授、实践、监督"这个过程。

　　你是否有在对部下"传授"之后继续监督的习惯呢？
　　只有对部下进行监督，确认他真的掌握了你传授给他的内容，才是真正意义上的"传授工作"。

# 67

# 让部下接受

指导师高木新治指出，领导的工作"就是让部下开开心心地工作"。这是他在丰田刚刚升任为班长时，当时的工长对他说的话，直到现在他仍然牢记于心。

"高木，你知道对于班长来说最重要的事是什么吗？那就是让部下自觉自愿地努力工作。为了实现这一点你必须让员工在工作中有一个好的心态，这就是你的工作。"

在组织的工作之中，每天都会出现问题。员工的不满如果不及时处理就会越积越多。这种时候应该如何消除员工的怨气，应该如何防患于未然呢？

领导的指挥是决定部下情绪的关键。

但在现实中，有很多领导认为高高在上地下达指令才是领导的工作。这只会使部下感觉自己是在被动地工作。

按照上司的指示进行工作可能在短期内能够取得一定的成果，但由于这样做无法培养部下的自主性，所以最终还是一事无成。

指导师冈村靖这样说道，"仅凭立场和权力无法培养人才，只有让部下理解和接受，他们才能够心情舒畅地进行工作。"

比如在你的工作现场，因为存放零件的地方太远，所以出现了移动和时间的浪费。但就算你对员工们说"改变一下做法比较好"，在现场的员工还是会以为自己每天的行动是最佳选择。

所以，就算你把零件放在附近，对于习惯了过去工作方法的员工们来说"还是过去的方法更方便"。就算你半强迫地做出了改善，不久之后现场还会变成原来的样子。

所以必须"让对方理解"。

如果有员工迷惑不解，"为什么必须要这样做"，那你就必须耐心地对他进行解释说明让他理解，"这样做可以使你工作起来更方便，提高生产效率""这是为了给顾客提供优质的产品必不可少的工序"。

通过让员工理解和接受，工厂的生产线就可以流畅地运转，也能够生产出高品质的产品，同时员工也会心情舒畅地积极进行工作。

如果你因为"部下和团队不按照自己的想法行动"而苦恼，或许是你没有让员工理解和接受你的想法，因此耐心地将自己的想法传达给员工是非常重要的。

# 68

## 用"关注"来培育部下

指导师高木新治在焊接部门担任组长的时候，手下来了一名新员工。这名新员工染着一头金发，打扮也非常夸张，看起来好像一匹桀骜不驯的孤狼，所以周围的人都认为他"最多干三个月就得辞职"。

但是高木不想让自己部门的新员工那么简单就辞职，于是每天都会花上5~10分钟与这位新员工一对一地开会讨论。

说是开会，但实际上就是"昨天的工作怎么样？""今天有什么工作安排？"之类的闲聊。经过交流之后高木发现，这位新员工虽然看上去很张扬，但实际上却是一个性格沉稳、工作认真的人。

后来这位新员工不但没有三个月就辞职，还不断地磨练自己的技术，在焊接大赛上取得了全国第二名的好成绩。高木根据自己的经历这样说道，"年轻人都有发展的潜力。只要传达给他们一种上司在时刻关注他们的信号，他们就会用成长来回报你的关注。"

# 20年没有视察过工厂的经营者

领导对部下是否保持关注，对改善的固定度也有影响。指导师近藤刀一对某企业进行指导时，发现这家企业的经营者有20年没有到过工厂的现场。

这位经营者认为"现场的工作都是单纯的操作，谁都能做好"，所以他并不重视生产现场，而是将录用的优秀人才都安排在销售和设计等部门。

因为近藤要对现场进行指导，这位经营者时隔20年终于对工厂再次进行了视察。但是这位经营者却穿着名牌西服和皮鞋，和工厂的环境格格不入。

工厂负责人急忙给经营者准备了防尘服和长靴以及安全帽，经营者对现场进行的诸多改善非常感兴趣，来来回回转了好几圈，然后在一个地方停了下来。

这个地方就是被擦得干干净净的卫生间。听说科长以下的现场员工每天都会进行扫除，经营者感慨地说"不仅工作现场，连卫生间都打扫得这么干净。我们的公司就是由这样优秀的人才支撑起来的啊"，并且保证每个月都会来工厂进行视察。

这位经营者一个月后再次来到工厂，自己准备了防尘服和长靴以及安全帽，并且积极地在现场转了好几圈。然后他又对近藤和现场的员工们保证"以后我会给工厂安排更多的优秀人才"。现场的员工们听到这个消息也都感到非常高兴。

之前从没得到过关注的生产现场，在经营者每个月都前来视察之后，员工们的士气和工作积极性都得到了大幅的提高。

如果没有领导的关注和评价，改善很难固定下来。

# 69 🔊

## 展示工作的"整体状态"

指导师鹈饲宪指出，"向员工展示工作的整体状态，可以提高部下的责任感和工作积极性。"

鹈饲曾经对某家医疗器械生产商进行改善的指导。

这家工厂有很多兼职的员工，他们每天都默默地生产一些很小的零件，但令人惊讶的是，这些兼职员工从没见过自己生产的零件所组装出来的完成品。他们只是进行眼前的工作，根本对最终的完成品没有任何的印象。

于是鹈饲拜托工厂的经营层将这些员工生产的零件所组装出来的完成品拿来，让这些员工亲眼看一看。

结果员工们发出了这样的感慨，"我们生产的零件原来是用在这个上面的。这是要进入人体内的东西，责任重大啊。"

从那以后，员工们对自己的工作产生出了责任感，即便是兼职员工也对自己的工作感到非常骄傲和自豪。

医疗器械如果因为生产失误沾上红色的污点可能会造成很大的问题，因为医疗现场对血液的颜色非常敏感。所以工厂经常会对员工强调"一定要将带红色污渍的零件挑出来"，在这种时候，员工是否对工作的整体状态有所把握，对这句话的理解程度就会大不相同。

认为这只是一个小零件的人，可能看到的只是"红点"。而知道这是要进入人体内的医疗器具的人则知道"红点=血"，自然会更加认真负责地对零件进行检查。

所以说是否了解整体状态，会影响员工的工作态度。

鹈饲养认为，从提高工作积极性的角度来说"让员工喜欢上自己制作的产品或服务非常重要"。

"很多人在刚刚入职丰田的时候，不一定非常喜欢汽车。当然，不喜欢汽车也可以工作，但如果能够喜欢上汽车的话，工作起来会更加快乐。所以，丰田会让这些原本不怎么喜欢汽车的新员工在沙地上驾驶汽车，通过急打方向盘让他们亲身体验汽车的稳定性，让他们了解汽车除了在市区内驾驶之外还有更加深奥的学问。很多员工从此都对汽车产生出浓厚的兴趣。"

如果你的部下工作积极性不高，那么你可以通过让员工了解工作整体状态的方法来提高员工的积极性。

比如你的员工只负责某部分零件的生产工作，那么你可以将全部零件组装后的完成品给员工看看。还可以带员工亲自去客户的现场参观一下自己生产出来的产品在客户公司是如何被使用的。

当员工知道自己的产品在客户那里是如何被喜爱，或者客户对自己的产品存在着哪些不满的地方之后，员工的责任感和工作积极性也会发生改变。

# 70

## 交出自己的王牌

当你最得力的部下因为人事调动而不得不离开的时候，你心里会怎么想呢？

说心里话肯定是"很不情愿"吧？

指导师加藤由昭这样说道，"在丰田，当因为人事调动而不得不交出自己的部下时，有的领导会将自己部门的金牌员工交出去。"

一般来说，领导都愿意将优秀的部下留在自己的身边。

这样不但自己的工作更加轻松，而且也更容易取得成果。所以，在不得不交出部下时，领导往往会选择排在第三位或者之后的部下。

但是，丰田的领导却很清楚交出排在第一位的金牌员工会给部门带来什么样的好处。交出金牌员工，会让排在第二位的部下得到成长。

当金牌员工在部门里的时候，排在后面的部下很难得到表现的机会。因为他们每天都在学习王牌员工的工作方法，所以当王牌员工离开之后，他们都能够发挥出不逊色于王牌员工的实力。

交出金牌员工，对于他自身的成长也有好处。备受公司期待的金牌员工，不用任何人说自己也能够取得成绩。所以，他们的自信会越来越强。虽然这是一件好事，但有时候也可能使人变得自以为是、狂妄自大。

所以对金牌员工采取特殊的待遇也是有害处的。

从优秀的人才开始调动，在人才培育方面具有非常重要的意义。但是，当调出的优秀人才再次归来时，应该给他准备更高的职位和待遇。这样一来，你就可以培养出更多以成为金牌员工为目标的优秀人才。

# 71 🔦

## 领导要从外部看部下

指导师加藤由昭至今还记得某位上司对他说过的话："很多人以为工长和组长位于组织的中心。但实际上，位于正中心的人，因为无法360度观察全局，所以往往考虑的不够周到。领导必须从外部对全体成员进行观察。关键在于从外部看部下。"

自从听到这句话之后，加藤就一直将"从外部看部下"的方法牢记于心，并且认为领导只掌握现场的知识和技能是不够的，"还必须掌握部下心里的想法"。

"掌握现场情况"，不只是了解工作内容、做法，以及保证产品的质量。

很多上司只满足于上述内容，但只有在掌握部下心里的想法之后，才称得上是真正的"掌握现场情况"。

加藤在英国的工厂工作时发生过这样一件事。

这家工厂因为经常出现问题，导致生产线多次停止运行。更大的问题在于，即便按下警示灯，也没有人及时前来对应，导致员工的工作积极性大幅受挫。

"警示灯"是用来表示出现问题的系统，可以使人一目了然地发现生产过程出现问题。丰田规定，当生产线出现异常时必须按下警示灯使生产线停止。

进入工厂现场的加藤在发现这一情况之后，要求现场的负责人遵守一个约定。

"发现警示灯亮起时，请立刻前去解决问题。请务必遵守这个约定。"

从此之后，生产线停止的次数大幅降低。

当警示灯亮起时，立刻会有人赶来解决问题，消除了员工之前因为没有人前来帮忙而产生的不满，使员工能够更加集中精神进行工作。这样一来出现残次品和问题的情况自然也就减少了。

警示灯系统本是为了提高生产效率而设计的，但如果领导只有现场的知识和经验，却不了解员工的心情，那么这种系统反而会影响现场的生产效率。

警示灯亮起却没人过来帮忙会使员工产生不满和焦躁的情绪，通过消除员工的这种情绪，可以使生产线运转得更加流畅。

## 掌握部下心理的"离心力领导"

OJT解决方案股份有限公司的董事长海稻良光将领导分为两种类型。

一种是"向心力领导"。

这种人拥有非常强大的领导能力，身处组织的核心位置，让所有人都围绕着他进行工作。

向心力领导发挥能力，带领公司不断成长的例子有很多，但长此以往，很容易使员工们变得看上司脸色行事，只会等待上司的指示。员工们放弃自己思考，只等待上司"做这个"的指示。

另一种是"离心力领导"。

这种领导身处在组织外部对组织成员进行观察，所以需要每一名员工都发挥出自己的领导能力。

具体来说，离心力领导会让部下自己找出问题和解决问题的方法。

擅长培养人才的丰田的领导，绝大多数都属于这种离心力领导。

身处组织核心位置的领导，难以发现部下的想法。只有身处组织外部对部下所处的状况进行观察，对部下的想法进行倾听，才能够根据这些情报来推测部下的心理。然后根据部下的心理来发挥自己的领导能力做出不同的应对。

比如员工的销售业绩不佳，如果你只是单方面地下达"多去拜访客户""预约更多的客户"之类的指示，但如果导致销售业绩不佳的原因并非上述两点，那么就无法解决这个问题。

　　如果部下是因为不擅长对商品进行说明所以导致业绩不佳，那就应该解决不擅长对商品进行说明这个问题。

　　因此，直接和部下进行沟通，倾听他在工作方面的困扰和苦恼，找出真正的原因，这才是最重要的。

# 第六章

# 让生产效率提高一倍的
## "交流力"

**发挥温情友爱的精神，创建如同大家庭一样的氛围。**

——丰田纲领

# 72

## 创建网络

指导师们在丰田工作时最常听到的一句话就是"创建网络"。

公司一般来说是上司和部下的纵向关系，但丰田非常重视通过非正式活动来创建横向关系。

比如按照职务举办的活动（班长会、组长会、工长会），按照入职情况举办的活动（丰养会、丰隆会），还有与职场之外其他部门、其他工厂员工之间进行交流的活动。

具体来说，主要包括座谈会、高尔夫比赛等各种研修和娱乐活动。

通过这些活动，丰田的员工们不只有上司和部下的纵向关系网，还有与同事、其他工厂员工之间的横向关系网。

指导师中山宪雄就是这种横向关系网的受益者。某天，在测试部工作的中山被他的上司部长叫去，让他"将丰田生产方式导入到测试部里面来"。

测试部是对新车的强度、震动和撞击安全等进行测试的部门。然而被称为丰田代名词的丰田生产方式，在当时要想导入以测试部为首的技术部门却是非常困难。

"测试部的工作内容和以组装为主的生产线不同，丰田生产方式能够顺利导入吗？"

一开始中山对此感到有些不安，他一边向负责推广丰田生产方式的生产调查部请教，一边尝试着将丰田生产方式导入到测试部的工作中来。

他采用的是"事先准备备用测试"的方法。

当时测试部每个月都会制订测试计划，但因为生产部的产品经常会出现设计变化，所以无法按照测试计划进行工作是很常见的情况。尽管在制订计划时工作量是足额的，但实际的测试率却只有75％，所以会出现大约25％的劳动力闲置。

通过事先准备备用测试，可以填补突然出现的这25％的劳动力闲置。这样不但提高了测试率，也使员工工作起来更加游刃有余。尽管这件事说起来简单，但实际准备备用测试却有一个很大的问题。

备用测试，必须用到其他部门的车辆和零件。站在其他部门的角度上来说，因为各个部门都是按照年度计划展开工作，所以并不愿意去做那些计划外的工作。即便进行交涉，因为相关部门都是数百人规模的大部门，领导也很难简单地点头同意。

## 横向交流是有力的武器

中山说，"曾经在运动会和研修会上有过交流的朋友，在当时给我提供了很大的帮助"。

"我很积极地参加公司组织的非正式活动，所以在其他部门有很多朋友。我找到他们说'测试部有这样一个想法，你们能帮我一把么'。因为我的态度很诚恳，所以他们也都热心地为我提供帮助。托他们的福，测试部最终将测试率从75％提高到了95％。尽管丰田是一个非常庞大的企业，但令人意外的是在办事和处理问题上非常灵活，这都得益于横向交流。很多大企业组织关系僵化的通病，在丰田是很少见的。"

企业规模越大，横向交流就越少。最近非正式活动交流机会越来越少也是现实。

但是，越是这样的企业，横向交流越是有力的武器。自己主动与其他部门的人和其他公司的人交流，总有一天会给你提供极大的帮助。

# 73 💬

## 创造横向交流的"机会"

丰田通过"内部活动"创造员工与领导之间横向交流的机会。

通过这样的交流，可以让员工亲身了解到公司前进的方向和部门的方针政策。另外，从领导的角度来说，可以将公司和自己的方针与想法传达到组织的末端。

指导师柴田毅在对客户企业强调非正式活动的重要性时，对方经常会说"因为是在丰田所以才有这样的效果"。每当这时，柴田就会加上一句话："像丰田那样的大企业都能够做到，那么规模不及丰田的企业应该更容易做到啊。"

指导师中岛辉雄也这样说道，"没有必要完全模仿丰田的做法。关键在于让组织之间产生横向的交流。"

中岛在对某企业进行指导时，会在会议结束后将改革小组的成员留下来，主动地创造横向交流的机会。

改革小组的成员由该公司在全国各地六家工厂的代表以及各部门的核心人才组成，共有几十人。大家每个月都会聚集在一起交换情报。这样一来，不同工厂和部门之间可以将自己的成功经验分享给所有人。

比如A工厂的人报告说"这样改善可以提高利润率"，B工厂的人就会知道"竟然还有这种方法吗，我们也可以这样做"。

也就是说，好的做法和想法会普及到整个组织之中。


## 通过共享情报来消除对立

很多职场都是纵向交流的组织，没有横向之间的交流。所以可能会出现部门同事之间对立的情况。比如销售部门和开发部门相互之间就很容易因为"开发部开发不出好的产品所以卖不出去""销售部不积极进行销售所以卖不出去"之类的不满而产生对立。

对于这样的组织来说，创建一个让两个部门合作的"机会"是解决这种对立的好办法。比如可以通过"提高顾客满意度项目""提高产品功能项目"让两个部门合作完成。

或许最初两个部门之间会出现不同意见的碰撞。但随着相互之间交流的加深和情报的共享，他们就会意识到"原来对方是基于这样的考量进行工作的啊""原来存在这样的问题"，然后就会发现之前从未想到过的解决方案。

## 创建部门横向交流的"机会"

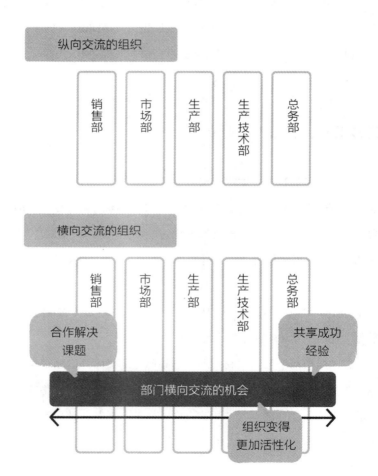

纵向交流的组织

销售部　市场部　生产部　生产技术部　总务部

横向交流的组织

销售部　市场部　生产部　生产技术部　总务部

合作解决课题

共享成功经验

部门横向交流的机会

组织变得更加活性化

# 74 💬

## 像接力赛跑一样工作

丰田经常将工作比喻为接力赛跑。

在接力赛跑中，前一位跑者需要将接力棒交给下一位跑者，但只要在规定的区域中，跑者可以在任何位置将接力棒交出去。既可以在交接区的开头，也可以在交接区的末尾。

只要对交接区利用得当，前一位跑者和下一位跑者之间的交接就会非常顺利，从而缩短整体的时间。

工作和接力赛跑的道理一样。

在4×100米接力中，每个交接区都有20米长，所以一位跑者最多可以跑120米。经验丰富的跑者从新人跑者手中接棒的时候，经验丰富的跑者可以在交接区的最前端接棒，这样可以减轻新人跑者的压力。

根据不同的实际情况，对交接区的利用方法也有所不同。比如在技术层面，经验丰富的跑者可以为新人提供帮助，但在出现问题或者突发状况时，新人或许能够反过来帮助经验丰富的跑者。只要相互都稍微超出自己的区域一部分，就可以合作完成接力赛跑。

## 拓展人脉，使工作更加得心应手

交流在工作中非常重要。

OJT解决方案股份有限公司的董事长海稻良光在1984年提出了丰田与GM的合并事业"NUMMI"，并且从此开始雇佣外国人员工。

虽然雇佣的都是优秀人才，但这些外国员工在开始工作之后很明显地分为两种类型。一种是从不离开自己的办公室，只在办公室中工作的人，还有一种是经常前往生产现场的人。

前者认为自己的工作不用前往生产现场，自己工作的地点就是办公室，只要待在办公室里，情报自然而然就会出现，他的工作就是利用电脑将情报进行分析，然后将结果报告给自己的直属上司。

后者则经常前往生产现场，积极地搜集情报，而且喜欢用蹩脚的日语和现场的日本员工进行交流。

"泥猴（你好）呀，最近怎么样。"

"我给泥（你）的书局（数据）有帮助吗？"

"最近有遇到沈摸（什么）困难吗？"

很快，两者之间就开始显现出差距，只在自己的职责范围内工作，从不走出办公室半步的人逐渐被孤立，而经常前往生产现场的人则在公司内部拥有很广阔的人脉，工作也愈发得心应手。

就这样过了一年左右，两者之间收集到的情报的差距越来越大。

像后者那样充分利用工作中"交接区"的人，能够提高自己的工作效率，随机应变地面对各种各样的情况，工作更加得心应手，可以说好处多多。

## 在工作中善加利用"交接区"

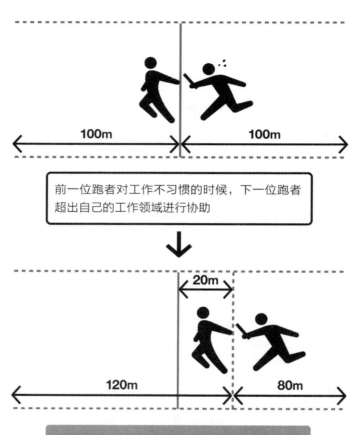

100m    100m

前一位跑者对工作不习惯的时候，下一位跑者超出自己的工作领域进行协助

20m

120m    80m

提高整体的工作效率

# 75

## 拿着扫帚去现场

　　说起交流，很多人首先想到的大概是下班后一起去喝酒吧。一起喝酒确实是拉近距离的方法之一，但在日常业务中进行交流才是最有效率的交流方法。

　　指导师中岛辉雄在丰田的某个部门担任工长时曾经发生过这样一件事。

　　这是一个新成立的部门，员工都是个性很强的人。因此这个部门的员工士气很低，与中岛之前所在的部门相比，团队的合作性差很多。

　　来到这个部门担任工长的中岛，最初的工作就是每天拿着扫帚在工厂里转来转去。

　　他就这样一直转了三个月，因为中岛认为多在现场与部下交流是最重要的。不管发生什么问题，只要到现场就能够一目了然，与部下一对一地进行交流，可以掌握部下在工作时都想些什么。

　　拿着扫帚去现场，自然而然地就会和现场产生交集。

比如，对部下提出"今天又有螺丝钉掉在地面上了，为什么呢？"之类的询问，现场的部下就会思考造成这一现象的原因。

"可能是从零件箱里拿出来的时候掉下去的。"

"是不是因为这个螺丝放的地方不好拿所以掉了。"

"可能因为放得太高不容易被看见吧。"

"那么把放螺丝的地方换一下怎么样？"

"我觉得放到这边的架子上比较好。"

"是吗，那就这样试试。"

像这样，哪怕只是一个掉在地上的小零件，也会成为与部下交流的接点，成为对工作方法进行指导的契机。

中岛通过在问题多多的现场巡回，与现场的员工不断交流，最终使职场的面貌发生了巨大的改变。

## 创造与部下对话的机会

丰田的上司会专门留出时间视察现场。

指导师山田伸一在丰田工作时，有一次给上司准备会议报告的时候受到了极大的震撼。

因为他的上司是高层领导，所以他以为这位上司并没有仔细观察现场的时间和机会。但是在听完这位上司的会议报告之后，山田发现上司对现场内容的把握，远远超出了他准备资料的范围。

因为那些都是只有亲临现场才能够掌握的内容，山田也深深地感觉到"丰田的领导即便身居高位仍然时刻对现场保持关注"。

对于办公室工作来说，拿着扫帚转来转去可能不太现实。

但仍然有许多与部下交流的接点。比如交接资料的时候、报·联·商（报告、联络、商谈）的时候、开会的时候、休息的时候，等等，可以抓住一切机会与员工进行交流。

一般来说，与部下一本正经地交流的机会并不多。所以即便是闲聊也好，可以很随意地问一句"关于A公司的那件事进展的顺利吗"，于是部下可能会回答"实际上有点问题……"通过这样的交流就可以掌握工作状况和部下的想法。

创造了解部下，将自己的想法传达给部下的机会是非常重要的。

# 76

## 关心部下

丰田的上司会积极地寻找与部下交流的机会对其表示关心。

即便知道"对话很重要"，但仍然有人不知道应该说什么，还有不少上司直接就询问部下"有没有什么困难"。但是，在尚未建立起信赖关系之前，很少有人会直接表明自己的烦恼吧。

指导师村上富造就很清楚地指出，交流是需要花上一些时间的。一开始可以说一些"今天真热啊""今天早上和老婆吵架了真烦……"之类的闲聊。只要向部下传达"我很关心你"的信息即可。

有时候上司会主动说出自己的烦恼，这样一来部下就会发现"原来上司和自己有同样的烦恼啊"，于是两人之间的关系就会拉近一些。在重复这一情况的过程中，部下也会逐渐向上司打开心扉。

### 坚持每天称呼部下的名字

当知道上司关心自己之后，部下也会更加积极地工作。

但是，丰田的一名科长手下就有200~300名部下，要想与每个部下都保持对话非常困难。指导师山田伸一在丰田做科长的时候，每天早上都会称呼部下的名字与他们打招呼。

"我所在的部门是组装生产线，工作区域都连在一起，于是我每天早晨都会绕着生产线转一圈称呼部下的名字与他们打招呼。'××君，精神不错嘛'就这种简单的招呼。但是每天坚持1小时左右这样的交流，就可以通过部下的声音和表情来了解他们的身体和精神情况。如果声音没精打采的，我就会追问一句'身体不好吗''和老婆吵架了吗'，这时候部下就会回答我'我今天好像感冒了''早晨和老婆吵了一架'"。像这样与每个人打招呼，可以让部下感觉上司对自己很关心，提高部下的工作积极性。

你关心你的部下吗？只有关心是不够的，你还必须表现出关心的态度，这样才能将你的关心传达到部下那里。

如果一个领导只有几名部下，而他一整天也没有和部下说一句话，那么这就是不正常的。这位领导肯定非常不了解他的部下，部下对他肯定也不会忠诚。

另外，部下主动向上司打招呼也是可以的。有部下主动向自己打招呼，上司同样也会感到很高兴。

# 77 💬
## 表扬部下

当部下犯错误的时候，很多人都会愤怒地训斥"为什么这点事都做不好"。在斥责声不断的职场，会使员工变得胆小怕事，阻碍员工的成长。

指导师高木新治说，"在丰田有很多擅长表扬的上司。"

当然，如果不遵守规定，或者出现危及到员工安全的问题，那么上司还是会进行严厉的斥责，但"找出员工的长处并且通过表扬来使其发扬光大"是丰田的企业文化。

高木对某企业进行指导时，发现这家企业全都由社长一个人说了算。

因为员工们一旦工作出现失误就会被毫不留情地降级处分，所以员工们都只会听命行事。"多余的话不说，多余的事不做"，大家对此都心照不宣。即便如此，这家企业的社长仍然不肯表扬员工。

"根据我的经验，在遭到批评后得到成长的人少之又少，而绝大多数人会在得到鼓励后变得更加自信，甚至发挥出更大的潜力。

要想让你的员工更加积极地进行改善，社长在该表扬的时候也必须表扬一下。"

后来在召开改善发表会的时候，这位社长很难得地对员工进行了表扬，"你的发表简单易懂，非常好"。


## 表扬是有魔力的语言

后来高木告诉社长，"那天社长在发表会上表扬的××先生，现在已经成为了现场的核心"。社长发现得到自己表扬的部下工作起来更有干劲，心中也感到很高兴。从那以后，社长对员工的态度也稍微缓和了一些，偶尔也会对员工进行表扬。

尽管这家企业还是社长一个人说了算的经营体制，但通过社长的表扬，公司内部的氛围变好了不少，员工都开始积极地进行改善。

指导师中山宪雄说，"表扬是有魔力的语言。"

"举一个不太恰当的例子，就好像谎话说一百遍也会变成真话。所以越是做不好工作的人越需要表扬。哪怕是很小的小事，只要认可他做到的部分进行表扬就好。如果是本人经过努力后取得的结果，就算是失败了，也应该对他努力的过程给予表扬'做得好，你已经很努力了'，那么部下就会更加积极地进行工作，自然会得到成长。"

你今天表扬部下了吗?

如果一次也没有的话，那你的部下或许无法发挥出全部的能力。得到上司表扬的员工，能够增加自信，改变工作状态。

# 78

💬

## 表扬部下的"工作"

表扬的窍门在于表扬部下的工作。

"你工作很努力嘛。"

"你工作很认真嘛。"

"有加班吗？加班2小时很辛苦啊。"

"你这么快就做完了？有什么窍门吗？"

需要注意的是，在表扬时尽量不要涉及部下的性格和容貌等个人情况。另外，如果你表扬部下"看你工作时总是游刃有余"，可能会使他在工作中更加追求速度，结果产生相反的效果。

还有一个技巧，那就是间接表扬比直接表扬更有效果。

有一位丰田的上司，不管部下是不是在自己跟前，只要是该表扬的时候就会毫不犹豫地对其进行表扬。

就算被表扬的部下不在跟前，但只要周围有其他员工听到，那么就会将这件事传达给本人。这种经过别人传达过来的间接表扬，因为更加具有可信度，所以会使部下感到更加高兴。

当你想表扬A先生的时候，可以对他的同事B先生说"A先生的工作很值得信赖"。那么A先生一定会从别人那里听说"部长表扬A先生了"。


## 表扬的同时指明方向

指导师鹈饲宪这样说道，"只表扬而不指明方向，难以使部下持续成长"。

有的员工还可能因为得到上司的表扬而变得狂妄自大。表扬不仅要对眼前的内容进行评价，还应该指出未来的发展方向。也就是说，在表扬部下的同时，还应该确认部下三年后、五年后想要进行怎样的工作，想要身处怎样的立场，给部下指明前进的方向，定下目标。

这样一来，部下就会因为得到上司的表扬而充满自信，并且会朝着正确的方向成长。

每个人的能力和技术有所差距是很正常的。所以不能给所有人都规定相同的目标，也不能强迫每个人都以同样的速度成长。

所以作为上司需要和部下一对一地确认"应该学这个""应该掌握这种技能"。这样就可以最大限度地激发出部下的个人能力。

# 79

## 资料要直观

丰田原副社长大野耐一曾经说过："制作资料的时候要注意不要把资料做成'纸料'和'死料'。"

就算制作了厚厚的一沓资料，但如果里面都是多余的文章和没用的数据，那么这份资料就毫无意义。不能将结论和重点简洁地传达给对方的资料，是对时间和纸张的浪费。

丰田在解决问题的时候，将解决问题的8个步骤简洁地总结在一张A3大小的纸上是最基本的做法。"问题点""把握现状""目标""问题的真因""对策计划""确认效果"等内容，必须让阅读资料的人能够一目了然。

所以在资料的制作上必须下工夫。不要写冗长乏味的文章，而应该简洁地列出重点，多使用图表和插图使内容简单易懂。

在提出改善方案的时候，丰田也要求内容必须一目了然。即便是相同内容的改善方案，一目了然的资料得到的奖金也会更多。由此可见，丰田对传达能力的要求是非常严格的。

指导师加藤由昭说，"我的上司经常对我说'资料要做的一目了然'"。

丰田不仅使用A3纸，有时候甚至还有用A4纸来报告情况，但基本的要求都是一样的，那就是简单易懂，一目了然。

丰田的上司要的是能够在百忙之中一眼看出重点，并且能够做出合适判断的资料。因为如果你在阅读资料上浪费太多的时间，那么可能会导致来不及做出判断。

所以从极端的角度来说，不用阅读就一目了然的资料是非常宝贵的，关键在于让看的人一下子就知道资料想要表达的内容。


## 用一目了然的资料传达你的想法

办公室之中到处都是资料，但这些有多少是纸料和死料呢？

再好的提案书，如果没有明确的结论和重点，就无法将内容传达给对方。

再好的图表和数据，如果看起来非常繁杂就会使人望而却步，使得图表和数据变成华而不实的装饰。通过将图表变成表格，将要点简洁明了地表现出来，才能够将你想要说的内容传达出去。

在制作资料时尽可能使资料一目了然，这样你的想法才能传达给对方。

另外在制作资料时，必须亲自调查，并且用自己的头脑来思考。通过制作资料的过程，可以提高你的工作能力。

# 80

## 重视"后工序"

丰田有句话叫做"前工序是神，后工序是客。"

任何工作，都有为其做准备的前工序，也有将其继承下去的后工序。

如果不能够给后工序提供合格的产品，会使很多人产生困扰，而造成的恶果只能由你自己来承担。

将残次品发往下一道工序，当然会使后工序出现问题，导致生产线停止。

指导师加藤由昭说，"在工作时考虑前工序与后工序是理所当然的，与作为'顾客'的后工序进行交流，可能会发现意想不到的点子。"

加藤对某公司进行指导时，这家公司生产技术部的负责人考虑到与其他企业的竞争和市场的变化，认为今后生产订单将会减少，所以打算采取减少人数的办法来降低成本。

但是加藤在对负责人进行询问后发现，负责人的这个想法并没有征求生产现场的意见，只是生产技术部想出的对策。而生产技术部实际上只负责设计生产现场使用的机械设备，而对生产现场的工作几乎没有任何接触。

于是加藤对生产技术部的负责人说"你的顾客其实就在生产现场啊"，建议他去生产现场看一看。

于是，现场的工作人员对负责人提出"可以这样做""还可以这样做"之类的意见。员工们也因为自己的意见得到领导的重视而感到很高兴。

后来，这位负责人开始定期对生产现场进行视察，与员工们交换意见，各个生产部门也会将自己遇到的问题与这位负责人商谈。结果这家公司没有裁员就解决了降低成本的问题。

## 只是坐在办公桌跟前想不出好主意

与后工序进行交流，能够获得很多重要的情报和信息，可以使你想到在办公桌跟前绝对想不出的好主意。

公司的规模越大，与后工序交流的机会也就越少。所以你可以趁着休息喝咖啡的时候去别的部门转一转，也可以与其他部门的人一起吃午餐。站在自己的工作之外进行观察，可能会发现平时想不到的好主意。

# 81 💬

## 给抵抗势力赋予责任

在公司里面，可以说肯定会有被称为"抵抗势力"的人存在。

每当你想要进行改善或者开始新项目的时候，总会有人提出"这样做有什么意义""哪有那样做的时间"之类的反对意见。

指导师柴田毅说道，"在丰田，即便有被称为抵抗势力的人存在，大家也不会将他排除出去，或者无视他的意见推进项目。"

"除非情况特别严重，否则基本来说丰田都会考虑将抵抗势力同化吸收。最近平面化的企业和组织越来越多，很多情况下对于抵抗势力都会采取孤立的方法，但这样会使得抵抗势力的抵抗情绪越来越强烈，反而不利于工作的展开和进行。与其排除抵抗势力不如将抵抗势力加入到团队中，赋予他一定的责任，这样做的效果要比孤立好得多。"

那些会成为抵抗势力的人，绝大多数都是因为感觉自己在组织中被疏远，通过赋予他们团队的职责和责任，可以使他们由抵抗变成协助。这样一来当事者就不会一直反对下去了。

指导师柴田毅对某企业进行5S指导时曾经发生过这样一件事。

这家企业在成立项目组的时候，项目组的成员说"科长一定会成为抵抗势力"。

身为项目组成员上司的科长因为很快就要退休，所以对额外花钱来改变职场持强烈的抵抗态度，他甚至还说"花钱请管理顾问来进行整理和整顿完全是一种浪费"。

尽管可以将这位科长排除在项目组之外，但柴田毅却并没有那样做，他反而决定让科长作为项目组的负责人来参加活动。

"我想通过5S来改善职场和培养下一代的领导。关于这部分内容的进展情况和成果，请允许我们向××科长进行报·联·商（报告、联络、商谈）"。

柴田毅与科长沟通之后，科长不但没有成为抵抗势力，还积极地提出了很多关于革新的意见，制作了很多用来改善的工具，完全是一副非常配合的态度。如果一开始将这位科长排除在项目组之外，那么他可能就会真的变成抵抗势力。

尽管将一个人定性为"抵抗势力"并且将其排除非常简单，但这样一来这个人所拥有的力量也就无法发挥出来，对于组织来说是非常大的损失。

一个人之所以会成为"抵抗势力"，肯定是有原因的。有可能是和上司性格不合，也有可能是不愿意在现在的部门工作。

所以只要搞清楚原因，将他换到其他上司手下工作，或者换到其他部门工作，那么这个人的工作态度肯定会发生很大的改变。

# 82 💬

# 从"麻烦的人"开始

一个组织里既有不断取得成果带领组织前进的人，也有不适应组织难以取得成果的人。

"丰田的上司会找出那些明明有实力却被埋没了的人才，让他们发挥出自己的力量。"

指导师土屋仁志也认为"组织里一定有因为性格乖张而不被上司喜欢和被周围人孤立的人。"

"在丰田就有这样的人，我指导的企业也有明明有实力却被埋没的人才。周围的人都说'那家伙不行'，但实际和他本人交流后却发现，他是一个很有主见和创意的人。这样的人只要交流得当就能够得到极大的成长。"

土屋认为，组织成员大致可以分为两种类型。

A类型的人对上司所说的话言听计从，老老实实地完成工作。往好了说是听话，往坏了说是平庸。虽然用起来很顺手，但却无法自己提出意见和创意，也不能发挥领导能力。

而B类型的人拥有很强的个性，甚至有时候会提出与上司不同的意见。这种类型的人不受上司喜欢，很容易在组织中遭到孤立。但是土屋却认为"只要将这种类型的人培养起来，组织就会变得越来越强大"。

"有些上司不喜欢这种类型的员工，但是我却习惯优先培养那些被孤立的'问题员工'。B类型的人有主见能够自主思考，所以能够发现问题和提出意见。也就是说，敢于反驳上司的人，不管好坏，至少他拥有自己的'信念'。反之，A类型的人几乎没有自己的想法和意见，当然没什么话说。

所以，一旦将B类型的人培养起来就能够以一当百。因为B类型的人善于思考，创意多多，还能够发挥领导的能力。只要能够灵活利用这种类型的人，就可以让他们带领属于多数派的A类型的人取得工作成果。"

在任何企业，都存在有个性的部下。

绝大多数的上司都不喜欢这样的部下，然而真正应该仔细培养的恰恰就是这样的部下。

对上司提出意见的人，从某种意义上来说等于是发出了"SOS"的求救信号。作为上司不能对这样的人视而不见，而应该仔细倾听他的不平和不满。通过这样的交流，可以获得部下的信赖。

# 83 💬

## 先说坏消息

"报·联·商（报告、联络、商谈）"是保证商业活动顺利进行的基本。只有迅速准确地与部下进行报·联·商，上司才能够做出准确的判断和迅速的回应。但是，在绝大多数的职场之中，却没有将报·联·商真正地落实和贯彻下去。

在这样的职场中，因为没有进行报·联·商的缘故，很有可能出现巨大的问题。

指导师村上富造这样说道："工作中的每一天都会出现问题。正因为如此，丰田才有专门为了迅速对应问题而存在的报·联·商的规定。"

比如某个非常重要的设备出现故障，如果经过15分钟仍然没有解决故障的话，组长就要将这个情况报告给工长。如果工长经过30分钟仍然没有解决问题就要将这个情况报告给科长。问题持续的时间越长，就要一层一层地向上报告。这就是丰田关于报·联·商的规定。因为生产线因为故障停止的时间越长，对整个工序的影响范围就越大。

及时地将问题报告给上级，可以使整个组织更加灵活地做出回应。

在办公室的工作也是一样。

任何工作都不可能仅凭自己一个人完成，一定存在前工序和后工序。如果你因为遇到问题而无法按时完成工作，那么就会对后工序造成不好的影响。

所以当你发现问题可能影响到后工序的时候，就要立即报告。比如应该提交给上司的资料，因为某种理由来不及制作，那你就应该立即向上级报告这件事。事前接到你的报告，上司就可以采取对相关部门进行调整等相应的对策。

但是，如果你在提交资料的最后一刻才报告上司说"果然还是来不及做完资料"，那么上司会被你搞的措手不及，由于时间紧迫能够选择的对策也非常有限。

"想要隐瞒问题和错误"是人之常情，但是，问题报告的越晚，事态恶化的越严重，给周围人造成的麻烦也就越大。所以越是有问题，越要及时报告。

或许很多人认为"每件事都要报·联·商实在是太麻烦了"，然而报·联·商并不只是为了上司。上司掌握部下的工作进展情况，当然会感到安心，并且能够做出合适的判断。

但另一方面，部下也能够因此得到上司的帮助。上司比部下工作经验更加丰富，所以能够通过部下的报·联·商觉察到可能出现的问题和错误，并且及时地对部下提供解决方案。

所以报·联·商对双方都是有好处的。

# 84

## 共享失败经验

　　在第一章中提到，当出现问题和错误时，丰田有一句话叫做"错不在人，在于制度"。或许有人认为这种思考方法可能导致"出现错误的本人责任感淡薄，认为错误事不关己"。但指导师原田敏男认为这种担心是多余的。

　　"对于出现错误的本人就算不进行直接的批评，但因为他的过错给周围人造成了麻烦，所以他本人会对此进行充分的反省。与批评相比，团队的全体成员一起讨论如何避免同样的问题再次发生并且将经验共享到整个公司，这才是更重要的事情。这样一来，不但可以避免同样的问题再次出现，还能够提高团队成员的合作意识。成员会认为是'别人替自己犯了错误'，所以并不会责备犯错误的人。"

　　比如在足球比赛之中，被对方进了球的话，乍看上去好像是导致对方进球的防守球员犯了错。

但从球队整体来看，导致出现这种情况的中前场球员同样也有责任，或者教练的战术本身有问题。所以职业的足球运动员不会去攻击犯错的球员，而会思考导致出现这种状况的原因，然后对其进行修正以防止再次出现同样的情况。

## 对报告问题的人说"谢谢"

丰田不会将责任归结到出现问题和错误的个人身上。所以丰田的员工绝不会隐瞒失败和错误，都会及时进行报告。

原田这样说道："我在冲压工序工作的时候，只要出现裂纹等残次品的征兆，不管是多么小的裂纹都一定会进行报告。而上司对进行报告的员工会一边握手一边说'非常感谢你的报告'，甚至有时候还会给进行报告的员工发放奖金。"

尽管隐瞒失败是人之常情，但为了使工作做得更好，应该将失败报告给上司，这样才能保证生产顺利进行。

# 85

**用事实说话**

有的时候就算难以启齿也必须实话实说。在这种情况下，应该让"事实"说话。所谓事实，指的就是现场的数据和现象。

指导师对客户企业进行改善时，现场的员工一开始的态度都是"这些人来干什么，最好不要做多余的事"。因为人类都是讨厌变化的，所以会有这种想法也是人之常情。

为了让这些人自主地发生改变，需要让数据等事实来说话。比如在残次品率很高的现场，可以用数字告诉他们"现在我们的残次品率是12%，如果这样下去一年会出现1000万日元的损失。如此努力工作却换来这样的结果岂不是太可悲了吗"。然后通过实际的演示让他们看到只要通过简单的改善就可以减少残次品率。

现场的员工认识到残次品率太高会使他们的工作成果大打折扣，并且通过客观的数据看到改善的效果，那么态度自然就变得不一样了。

## "客观的数据"不会伤害到别人

在办公室工作中，"事实"同样重要。

比如在讨论是否应该从亏损的事业中退出的会议上发言。因为这个决定对你的公司和工作都会造成很大的影响，所以绝对不能含混不清。

"市场份额连续6个月下跌。"

"九州地区的市场份额以10％的速率递增。"

如果前者是客观的事实，那么就应该做出立刻退出的决定，如果后者是客观的事实，那么可以做出"将在九州地区取得成功的经验横向展开到全部地区"的决定。

但是如果不以事实为基础，而是感情用事地说"这个产品好像卖不出去，我们应该考虑退出市场"。那么就很容易遭到别人的反驳。

要么是"这个产品比其他公司的产品性能更好，一定能够重新占领市场"这样毫无根据的意见，要么是"先观察观察再说吧"这样拖延决定的结论。

只有用事实说话，才能够冷静地进行交流和判断。

# 86

## 以利动人

上司对部下进行指导的时候，经常会用"这是为了公司""这是为了客户"之类的理由。

或许这种说法并没有错，但却无法得到部下的共鸣。

就算你告诉部下"这样做会产生浪费，应该那样做"，部下可能当时照你说的做了，但事后却不会坚持下去。

但如果你说"那样做会更轻松"，那么部下就会欣然接受并且坚持下去。

指导师加藤由昭在对医院进行改善指导的时候发生过这样一件事。

这家医院存在着"门诊接待的患者数量无法达到目标数量""患者等待的时间过长"等问题。

加藤经过观察发现，这家医院一个楼层中，即将进入门诊科室的患者和即将进入化验科室的患者都集中在一起，处于混杂的状态。所以护士必须大声呼喊"××先生！"来寻找患者。

于是加藤将科室门前的座椅分成绿色和粉色两种，准备进入化验科室的患者坐在绿色的座椅上，准备进入门诊科室的患者则坐在粉色的座椅上。这样一来护士不用再大喊着找人，患者的流动频率也变得更加顺畅。

"刚开始进行改善指导的时候，客户企业也是抱有警戒的心理，'这样会不会太麻烦了''我们之前的做法岂不是遭到了否定'。所以取得立竿见影的效果，让客户亲身感受到改善带来的好处非常重要。"

## 思考"怎样做更有好处"

在对部下进行指导时也是一样，与其不分青红皂白地说"请这样做"，不如让部下认识到"这样做会很轻松"更有效果。

指导师清水贤昭指出，要让部下认识到"怎样做才更轻松""怎样做更有好处"。

在汽车的生产线上，经常需要员工重复同样的工作。在销量好的时候，1小时需要生产60台汽车，所以工作节奏需要非常快才行。当然，这会导致一些人对工作产生厌倦的情绪。

这个时候就需要让员工认识到这样做的好处。

"赚100日元和赚105日元哪个更好？我选择赚105日元。想一想工资吧。20万日元工资和21万日元工资哪个更好？当然是21万日元吧。努力工作，不要出现残次品，公司的利益提高了，员工的工资自然也会提高啊。"

一旦与自己的利益挂钩，人们就会开始行动。

清水在对客户企业进行指导时，也会通过"以利动人"的方法来激发对方的工作热情。

某客户公司的销售负责人，巡视完所有的店铺回到家时已经是第二天的凌晨了，加班可以说已经成为一种常态。很多销售负责人对这种状况非常不满。

于是清水这样问道。

"你们不想加班吗？"

"是，我们想按时下班。"

"那应该怎么做才好呢？"

"尽快提高销售额实现销售目标。"

"为了尽快提高销售额应该怎么做呢？"……

通过让对方思考"为了让自己得到好处，应该怎么做"，可以消除他对现在工作产生的不满。

# 87

## 让想法可视化

好不容易想到的好主意和好点子，如果不传达给上司和客户的话，那么就无法得以实现。只通过语言和资料很难将自己的创意完全传达出去。

指导师中山宪雄这样说道："丰田在传达想法的时候，经常会采用让对方实际进行尝试的方法。"

比如你想到一个点子，那就是将1800厘米长的空调管缩短到1700厘米的话，可以减少10厘米的成本。在这种情况下，事实胜于雄辩，你可以准备两根空调管来进行说明。

这样一来大家就会认识到"缩短100厘米可以节省很多成本。生产50万台汽车的话可以削减几千万日元的成本"，那么你的提议立刻就会得到通过。

指导师对客户企业进行指导的时候，一开始就对改善持支持态度的人只有很少一部分。从现场的人的立场上来看，自己一直以来的做法是不能被改变的，所以指导师完全是"多余的家伙"。

在这样的现场，指导师首先要做的就是让对方看到结果。比如员工需要弯腰好几次拿取零件，那么就应该将这个零件放在不用弯腰也能够拿到的地方。如果经常出现残次品，那么就通过改善来降低残次品率。

当员工亲眼看见改善带来的好处之后，就会一改之前的态度，开始积极地进行改善了。

## 不必在意完成度

如果无法说服对方，就给对方看实物，再也没有比实物更有说服力的东西了。比如在提出新品企划案的时候，可以拿出试作品给大家看一看。如果实在拿不出来，可以用类似的商品或者服务让大家实际体验一下。

不必在意完成度。就算是做工非常粗糙的东西，但"有"和"没有"给人的感觉就是完全不同的。在发表会上，能不能提供出完成品的样本，将严重影响最终的结果。

另外，拿出实物还可以让其他人看到你的热情和诚意。你花费大量的时间和精力制作样本来进行宣传，这种热情与诚意一定能够传达给对方。

# 第七章

# 能够立刻取得成果的"执行力"

只知道批评，
却不懂得执行，这样的技术人员无法做出汽车。
——丰田汽车工业创业者·丰田喜一郎

## 88

# 六成就可以行动

指导师在对许多企业进行指导的时候，最常听到经营者们说的一句话就是"员工们总是迟迟不行动"。

很多人都因为"准备还不够充分""不想失败"之类的想法而难以开始行动吧。

任何人都害怕失败，失败的话可能会降低别人对你的评价。所以，人们都难以迈出行动的第一步。

在丰田，专门有一句话用来鼓励现场的员工开始行动。

指导师山田伸一也经常用这句话来鼓励客户企业的现场员工，那就是"有六成把握的话就立刻开始行动"。

有五成把握的话成功的几率就是一半一半。或者成功，或者失败，因为概率相同，所以很多人感觉成功的可能性不大。但如果成功的把握达到七成或者八成之后，反而让人更加难以开始行动。因为在成功比率这么高的情况下，成功是理所当然的，人们对失败的恐惧会更加强烈，结果会变得更加慎重。

所以"有六成把握的时候就立刻开始行动"。

丰田除了"六成就可以行动"之外，还有很多促进行动的名言。

丰田常说："只要自己觉得可以，就不要害怕失败开始行动。"

只要自己觉得可以就去做，失败的话就立刻停下来。就算失败，只要停下来恢复原样就可以了。

失败的人只要坦白地说"我试了但失败了"就好，在丰田没有人会因为失败而遭到斥责。所以丰田的员工都敢于采取行动。

山田这样说道，"我感觉丰田的员工在有三四成把握的时候就敢行动，开会时部下提出好的想法，只要大家觉得'不错'就会立刻将其付诸行动"。

你是否有些过于慎重了呢？当然，如果是可能给客户添麻烦的事情还是不要轻易尝试的好，但在个人改善程度的行动，就算失败影响的范围也是可以预见的，所以应该尽量大胆尝试。

比如想到一个好点子，首先将内容整理起来提交给上司。如果上司觉得你的点子不错，那么就会采纳，或者会给上司提供改善的思路。总之，成功了会有好的结果，就算失败了也没什么损失。

如果就算这样仍然害怕失败的话，那就不涉及其他人，只在自己个人的范围内行动，行动后得到意外收获的例子也是屡见不鲜的。

让"六成就可以行动"成为你的行动准则吧。

# 89

**巧迟不如拙速**

丰田的上司经常说一句话，那就是"改善，巧迟不如拙速。"

所谓"巧迟"，指的是虽然想法很好但也需要很多时间。为了将改善贯彻到底而花费很多时间来制订计划。当上司问你"改善完成了吗"，你的回答是"还差一点，请再等一等"。花费很多时间用来制订缜密的计划，导致改善的实行一拖再拖。这就是"巧迟"。

而"拙速"指的是虽然效果可能一般般，但总之先行动起来。就算做出的改善会被人说"竟然是这么幼稚的东西"，也要敢于尝试。丰田认为，敢于尝试的"拙速"比什么都重要。

某指导师在丰田的工厂里工作时，曾经遇到过"后侧围装饰板容易损坏"的问题。后侧围装饰板是安装在汽车后部的零件之一，因为体积较大所以很难拿取，而且稍微有点损坏就无法继续使用。

所以在搬运后侧围装饰板的时候需要非常小心谨慎才行。每次搬运都需要使用专用的货车、一次只能搬运15个。即便如此小心翼翼，后侧围装饰板相互之间哪怕有轻微的摩擦也会损坏。所以在后侧围装饰板之间需要海绵或者泡沫垫来防止损伤。

于是有个班长提议道"把汽车底盘上的地垫夹在后侧围装饰板之间吧"。

一开始周围人都觉得"这种想法太幼稚"，但实际尝试了一下之后发现确实避免了后侧围装饰板相互摩擦导致的损伤。

在进行改善时切忌思虑过多，与其翻来覆去地思考，不如先找个办法试试，然后一边尝试一边继续思考。


## 哪怕只是一小步也要先迈出去再说

比如工厂门前有一段台阶，每当下雨的时候台阶就会变得很滑。当存在这样的安全隐患时，"拙速"的改善就很有必要了。

必须第一时间赶到存在安全隐患的地方，在台阶上铺好防滑垫。只需要这样非常简单的行动，就可以提高安全性。

等到了晚上因为看不清台阶又产生安全隐患的时候，可以立刻在台阶部分刷上荧光涂料，这样就可以保证夜间的安全性。

至于修建一个防雨棚来彻底解决台阶变滑的方法之后可以考虑。

人们总是喜欢在思考和讨论上花费太多时间而迟迟不肯行动。

如果总是认为现在的方法很幼稚，"应该找到更好的方法后才开始行动"，那么改善就会一拖再拖。

不管是多么幼稚的方法也好，总之要先试一试，哪怕只有一步也好，关键要迈出去。

只要迈出第一步，那么在开始之前搞不清楚的事情一下子全都豁然开朗，有时候还会发现更好的办法。

关键在于行动——只要记住这一点，你的工作效率就将不断得到提高。

# 90

## 用"数值"表现目标

丰田会在实行工作之前制订目标。不只部门有自己的工作目标，改善和解决问题的时候也会先制订目标之后再实行。

目标是指明前进方向的路标，如果没有目标，那么行动就毫无意义。

具体来说，丰田会按照以下三个要素来制订目标。

做什么

到什么时候

怎么做

比如在解决"减少残次品出现率"这一问题时，制订的目标包括以下几点。

做什么　　　　　　→减少残次品

到什么时候　　　　→到3月末

怎么做 　　　　　　　→减少到0.01%以下

这时候最重要的一点在于用"数值"来表现目标。只以"减少残次品出现率"为目标是不够的。像这样模糊的目标，哪怕只减少了一个残次品也可以说实现了目标，但这并没有解决实际问题。

所以在"怎么做"的部分必须有一个明确的内容。

这里所说的明确内容，指的是具体的基准、标准。

首先要掌握工厂内出现残次品的情况，然后根据相关数据和该部门的目标，来决定具体的数字。

确定期限也很重要。如果没有实际的期限，那么想法就难以付诸行动。为了督促自己行动，或者督促部下或者团队行动，必须确定一个期限。


## 不要用抽象的语言来描述目标

指导师大鹿辰己说道："尽可能将目标数值化非常重要。"

对于制造行业来说，提取数据比较方便，但对于销售和服务行业来说数值化则比较困难。

比如"提高品牌知名度""提高顾客满意度"等目标，要想将"怎么做"的部分数值化可没那么简单。

即便如此，也应该带着热情和责任感尽可能地将目标数值化。这样做也可以通过数值来切实地感受到改善的具体情况。

比如"提高顾客满意度"，只提出"将店铺的卫生间打扫干净"的目标显然是不够的。必须明确地表示出达成目标的基准，"由员工轮班每小时打扫一次"。

在设定目标的时候，关键在于不要使用抽象的语言。比如下面这些语言：努力、提高效率、贯彻到底、应对、讨论。

这些模棱两可的语言，会成为无法达成目标时的借口，因为"努力"这种基准只能依靠主观来进行判断。从这种意义上来说，用具体的数值来表述目标是非常重要的。

# 91

## 任何事都要确定期限

丰田不只对于目标，对于一切工作都会确定期限。

比如上司和部下对于实行某项工作达成共识之后，上司就会对部下说"那么两周后我来看结果"。等两周之后上司肯定会来检查工作的进展情况。

指导师山本政治在丰田工作的时候，上司曾经给他3亿日元的预算，然后对他说"请用一年半的时间完成这个项目"。

这个项目是将在美国与英国生产的汽车运回日本，然后在日本国内进行销售。所以在国外生产的汽车必须符合日本国内的标准，而且在运回日本之后汽车的售后服务也必须完备。

应该把什么人安排在什么部门做什么工作，应该采购那些设备，这些都是需要在一年半之内解决的问题。

山本回忆当时的情况这样说道："在一年半的期限到来之前，上司只对我说了一句'好好干吧'。上司只确定期限，剩下的工作全权由部下自己完成。在期限到来之前，部长和次长从来没有多说过一句话。"

## 不要错过"虽然不紧急但很重要的工作"

丰田对于任何事情都会确定一个期限，而且一旦确定期限，就一定要在期限到来之前完成。

如果上司说"两周后我来看结果"，那么在期限到来之前上司对部下绝对不会有任何约束。就算在过程中工作几乎没有进展，上司也不会说什么。更不会生气地责问部下"你为什么磨磨蹭蹭的"。

但是，等两周的期限一到，如果工作还是没有任何进展的话，那么上司肯定会大发雷霆。

给一切的工作确定期限，在期限内将工作全权交给部下去做，这就是丰田的工作方法。

在你的工作中，有没有期限很模糊的工作内容呢？

对于很紧急的工作，我们都能够意识到期限。但繁忙的日常工作，往往会让我们忽视思考战略和企划，以及人才培养等重要的工作。另外，就像解决课题设定型问题一样"不紧急但很重要的工作"，很容易被一拖再拖。

但是，越是不紧急但很重要的工作，越应该确定一个期限，而且这个期限一定要共享给上司和同事。因为只有自己一个人知道的期限往往起不到应有的作用。

# 92

## "应有状态" ≠ "目标"

在确定目标的时候有一点需要特别注意。

那就是"应有状态"和"目标"不一定是完全一致的，特别在解决问题的时候经常出现这种情况。

在提出比较远大的"应有状态"时更要注意。比如"应有状态"是"让A商品成为业界第一"，但目标不能是"让A商品成为业界第一"。

"将A商品的国内销量比上一年度提高20%"

"将A商品的国外销量比上一年度提高50%"

"将A商品在国内的认知度提高30个点"

目标必须是这些具体的内容。

"成为业界第一"这样远大的"应有状态"，一般来说仅凭一个对策或者达成一个目标是无法实现的。只有通过达成多个目标，一步一步地不断前进，才能够实现应有状态。

# "应有状态" ≠ "目标"

指导师柴田毅说道："在没有打好基础的时候，突然提出过于远大的应有状态是很难实现的。"

某个自治体对柴田提出"我们即将搬迁到新的厅舍，请趁此机会对我们进行5S的指导（特别是整理和整顿）"的委托。

新厅舍的办公空间只有现在厅舍的三分之二，但现在厅舍中堆满了资料和纸箱。所以自治体的当务之急是将这些资料和纸箱处理掉三分之一。

在这种情况下，目标就是"通过实行5S来顺利地搬迁到新厅舍"。

但是，这并不是应有状态。在进行5S指导的过程中，柴田通过与自治体职员的交流发现，对于职员们来说应有状态是"通过加强民政服务让民众更加满意"。

"搬迁到新厅舍"和"民政服务"乍看上去好像没有任何关系。但是，通过对新厅舍进行整理和整顿，可以提高自治体职员的工作品质与效率，最终实现加强民政服务的目的。

在搬迁到新厅舍的延长线上，存在着"加强民政服务"的应有状态。反过来说，如果不能顺利搬迁到新厅舍，那么就无法实现应有状态。

在设定目标时，不一定要直接实现"应有状态"，而应该将目标定在实现应有状态的过程之中。

# 93

## 固定成果

　　丰田不会让成功的经验（成果）一次性地结束，而是会将成功的经验转变为一种制度。这在丰田被称为"标准化"。

　　简单来说，就是"在任何时候，任何人都能够做到同样的事"的体制。所以，丰田通过将个人的智慧和成果共享，让所有的工厂都能够实现同样高品质的工作。

　　在丰田，有很多明示工作标准的"工作手册"之类的东西，就算是刚入职的新员工，也能够和老员工一样顺利地进行工作。

　　像这种确定"标准"的管理方法，并且严格遵守标准的做法被称为"定式管理"。

　　指导师大岛弘这样说道："'标准化'和'定式管理'在丰田被统称为'固定成果'。一个问题解决完毕不等于结束，只有固定成果之后这个问题才算彻底解决。然后开始解决下一个问题。也就是说，丰田的改善（解决问题）是永久持续的。"

　　"标准化"与"定式管理"的顺序如下。

①将工作的方法作为正式的"标准"公布。

②确定管理的方法，制订标准。

③彻底推广新的（正确的）管理方法。

④训练员工正确的工作方法。

⑤通过现地·现物确认方法是否得以持续。

其中①和②都属于"固定成果"阶段，而像③和④将成果扩大到相关部门的行为，在丰田被称为"横展"。

"横展"顾名思义就是"横向展开"的意思，是将自己所掌握的经验普及到整个公司。

比如在解决"减少客户投诉"这个问题时，解决问题的过程不能只停留在自己部门内部，还要共享给其他部门，让全公司都了解解决问题的方法。

假设某销售负责人存在"无法把握客户需求"的问题，随后通过制作"客户调查表"的方法成功解决了这一问题。

那么在这种情况下，制作"客户调查表"的方法就要在全公司内共享，使其他销售负责人都采用这种方法，那么整个公司的销售能力都将得到提高。这就是"横展"的思考方法。

## "标准化"与"横展"使现场力变强

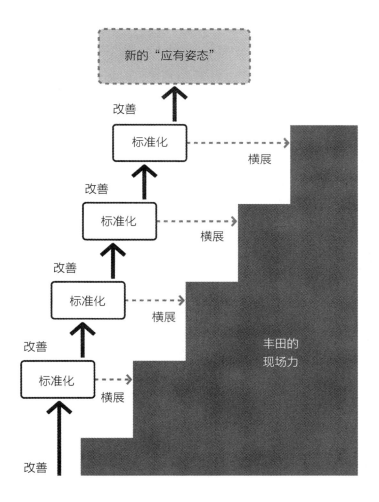

# 94

# 共享成果

不少人习惯独占工作的成果和经验。比如当某个车型成功开发出可以使动力传感系统更加稳定的技术时，如果将这项技术应用到其他车型上，那么可以提高顾客对产品的满意度。

但是，如果开发部门以"这是属于我们的成果"为理由，拒绝将技术共享出来，那么这对于公司来说就是很大的损失。

虽然希望独占成果的心情不难理解，但将自己的经验和成果公之于众，让所有部门都能够共享成果，可以提高公司的整体实力，为公司做出极大的贡献。

所以丰田非常积极地推行"横展"，鼓励大家相互之间"偷师学艺"。丰田的员工只要发现了好的经验和成果会第一时间与大家分享，绝对没有自己独占的企业文化。

比如某员工制作的销售资料受到顾客的好评并且成功签约，那么他会将资料的制作方法共享给其他员工和部门。这样不但其他的员工会感到高兴，顾客也同样会感到高兴。

当然，鼓励横展的制度也是必不可少的。或许有人身处在没有横展环境的职场中，就算自己有分享的想法但做起来却是有心无力。即便如此，只要你勇于尝试，自己分享的经验和成果一定会被别人看到。越是站在组织上层的人，越希望将个人的成功经验转变为让组织整体发展壮大的力量。

但有一点需要注意，自上而下地将"请这样做"的方法渗透进组织全体的方法并不属于横展，而应该被称为"方针展开"。

比如经营者提出"从今天开始彻底进行整理和整顿"，最后往往只变成了一句口号，就是因为这并不属于横展。

横展是现场的员工自发进行的改善行为，因为是从现场的人开始行动的，所以能够传达到其他的部门。


## 积极地学习自己职场之外的优点

横展除了共享成果之外，还包括积极学习其他部门的优点。

指导师原田敏男曾经带领客户企业的改善项目组成员参观丰田的工厂。

客户企业当时刚刚取得改善的成果，对改善抱有极大的热情。参观丰田工厂生产线的成员，在认识到"工厂内部的整理和整顿非常彻底""完全没有等待的时间浪费""工作人员没有任何多余的行动浪费"等差距的同时，也产生出将这些优点带回自己工厂的想法。当他们回到自己的工厂之后，开始更加认真的改善。

看到更好的事例和成果时，人们都会产生出将其学为己用并且追求更高目标的想法。如果将这种成果横展到其他部门，就可以更进一步提高公司的整体实力。

为了提高自己的工作能力，了解比自己更好的人的工作方法和职场是非常有效的办法。

比如去找自己崇拜的职场前辈学习经验，或者与公司之外其他行业的人交流，都能够提高你的工作能力。

丰田经常利用非正式活动让员工与其他公司的人进行交流，积极地给员工们营造学习和提高的空间与机会。

贪得无厌地学习别人好的地方——这就是丰田的现场不断进化的秘诀。

# 95

**保持组织之间的交流**

指导师中山宪雄对某企业进行现场指导时，对方拜托他"让组织之间多加交流"。

这家企业的规模非常庞大，各个工厂都纷纷独立成为子公司，相互之间几乎没有交流。因此各个工厂的生产效率、原价率、残次品率等指标都各不相同，产品的品质和员工能力也参差不齐。

所以这家企业需要统一指标，提高生产能力。

于是中山通过导入"工厂诊断士"的制度来加强组织之间的交流。中山选出几名熟悉生产现场的技术人员担任工厂诊断士，对各工厂进行巡回。诊断士的职责是提高现场的生产效率和对员工进行教育。简单说，就是将"改善的文化"普及到全公司。

实际上，工厂诊断士的原型就是丰田的生产调查部。这是大野耐一创立的部门，负责向丰田的各个工厂导入丰田的生产方式并且对工厂进行指导。当生产调查部对工厂进行巡回时，就连职务比生产调查部成员更高的工厂负责人也要亲自出迎并且低头鞠躬，可见生产调查部的权威性。

但是，接受指导的工厂对工厂诊断士这个头衔可并不感冒。尽管胳膊上带着金色袖标的工厂诊断士看起来非常威风，但现场的员工一开始心里想的都是"他们最好不要做多余的事"。

但是，当工厂诊断士进入工厂，并且对降低残次品率的改善做出指导后，员工们的态度发生了明显的转变。因为残次品频繁出现很影响员工的工作热情，所以降低残次品率的改善让员工们感到很高兴。

工厂诊断士在对全国的工厂进行改善并且取得成果的同时，还统一了指标。现在这家企业工厂诊断士的数量已经增加到了20人。


## 将成果横展与固定

工厂诊断士还有另一个巨大的作用，那就是将改善事例的成果横展与固定。

在一个工厂取得成功的改善，可以通过工厂诊断士在其他的工厂横向展开，取得同样的成果。这是之前各个工厂独自进行改善活动时完全无法实现的成果。

现在，每当一个工厂通知说要举办改善成果报告会的时候，全国各地的工厂都会派遣员工前来学习。

尽管生产的产品和工厂环境多少有些不同，但因为大家从事的都是相同的工作，所以大家对成果报告的内容很感兴趣，而且学到的经验也能够立刻应用到自己的工作之中。只要将成功的经验带回去，根据自己工厂的实际情况进行调整，就可以使自己的生产效率得到进一步的提高。

通过将改善"横展"和"固定"，可以提高公司整体的生产效率。

# 96

## 积极向前

丰田鼓励相互竞争，以此来促进竞争双方的成长。

比如丰田会让自己下属的工厂和外包的工厂生产同种类的汽车。如果外包工厂的生产方法和生产效率更好，那么丰田就会毫不犹豫地将自己下属工厂的订单全都转给外包工厂，甚至可能缩小自己下属工厂的规模。

如果工厂规模缩小，那么就必须转型做其他的工作，这对于丰田的员工来说是不能容忍的。

另外，在工厂内部，丰田也经常让多个部门进行相同的工作。相同的工作可以通过残次品率和生产效率等指标来进行简单的比较，所以各部门之间会不服输地进行切磋较量。

指导师加藤由昭这样说道："因为丰田有竞争的企业文化，所以在每个部门都有为了让自己提高哪怕一点点而不断努力的员工存在。"

"丰田有许多类型的员工，但那些比其他人更早得到成长，出人头地的人，不一定是最优秀的，他们只是比别人更加努力，在工作上更用心。

"对于上司感到棘手的问题事先想好对策，主动承担别人不愿意干的工作……我看到这样的前辈，就会想自己也为他们做些什么，于是我决定在休息时为所有同事冲咖啡并且给他们送过去。我趁着工作间隙准备咖啡，按照每个人各自的喜好添加砂糖和牛奶，在休息时立刻给他们送去。

"虽然这只是一件微不足道的小事，但因为没有别人来做，所以上司和其他同事都感到很高兴，觉得我'是个与众不同的家伙'。现在回忆起来，正是这非常小的'积极向前'的行动，让我后来成功地实现了自我成长并且得到了周围人的帮助。"

## 只要在工作上稍微用点心就可以与众不同

比别人努力好几倍可能很难做到，但总是比别人努力一点点，只要能够坚持下去也可以提高自己的能力，上司也会对你的努力做出评价，给你机会，你也会变得更加自信。

不必一开始就从困难的事情开始。比如上司让你"帮忙复印资料"的时候，不要只复印完就结束。应该根据这份资料的用途，用曲别针将资料夹起来，并且写上页码，稍微用点心让上司感到"这样用起来很方便"。

虽然这是谁都能够做到的小事，但只要别人都没有做，那么你就比别人前进了一点点。

如果难以掌握上司的心理，可以尝试将自己平时的工作更加努力一点。如果你是销售负责人，那么就比平时多打5个电话、多访问一个客户，提前一天提交报告。你这种积极向前的态度和努力，总有一天会得到回报。

# 97

## 不要追求"百战百胜"

在追求远大的目标时，丰田的领导也同样重视实现目标的过程。

指导师原田敏男这样说道："工作不可能一帆风顺，百战百胜。所以，取得了多少进步也必须得到重视。"

比如冲压工作的终极目标是不出现一件残次品。不管工作精度有多高，都不可能将残次品率降低为零，就算降低到0.01%也会出现残次品。

就算有一天冲压机没有出现任何残次品，那么也只是当天实现了目标，而第二天出现残次品的话则是未实现目标，所以说工作中没有"百战百胜"。

残次品率为零当然是我们永远追求的目标，但残次品率为零的工作日增加了多少也是一个重要的指标。

比如，10天里面7天残次品率为零，3天出现了残次品，那么就是7胜3败。那么在接下来的10天里我们就应该追求8胜2败、9胜1败。

像这样每天都不断取得进步同样应该得到重视。只要坚持下去，那么就离残次品率为零的目标更进一步。

这种视点在对部下进行指导时也同样重要，特别是年轻员工和对工作不太熟悉的人，应该把目光集中在他取得了多少进步上。

给有实力和能力的人设定比较高的目标，有利于促进他们的成长，但如果给能力平平的人设定太高的目标，并且因为他做不到而斥责他，那么只会使他逐渐失去干劲。

如果一名员工从1胜9败变成2胜8败，就应该对其进行表扬，这样可以使他获得自信和成长。

指导师高木新治曾经说过："尽人事，听天命。"

"打磨的工作，要想按照理想状态一点误差都没有是不可能的。不管多么集中精神打磨，都可能会薄一点或者厚一点。要想做到一点误差都没有那简直是神的领域。

所有工作都一样。不管多么努力，最后的结果都有可能是'薄一点或者厚一点'。所以结果固然重要，但过程是否竭尽全力也同样重要。只要尽最大的努力，胜率一定会提高。"

你今天的工作比昨天更好了吗？

给自己设定一个目标，比昨天更进一步。只要不断积累这种进步，一定能够取得巨大的成果。

# 98

## 享受失败

被称为丰田中兴之祖的丰田英二曾经说过"失败是你的学费"，他鼓励别人将失败记录下来。

指导师高木新治在三班倒的部门担任组长时也告诉部下"在记事本上不要只写好事，失败也要记下来"。

"与我们从事相同工作的其他两个小组在记事本上只记载工作成果，只有我们组敢于将挑战焊接工作的事情记录下来。

失败分为单纯因为失误导致的失败，和挑战困难的工作导致的失败两种。我的小组对于后者造成的失败会积极地记录下来。

这样做不但可以与其他小组共享工作经验，还可以提高员工的工作技能，可以说是我们宝贵的财富。我们不只看到眼前的利益，还同样重视提高员工焊接的水平，所以就算失败也不觉得可耻，而是将其看做是对我们成长的一种记录。"

## 失败也可以很帅

高木指出，"工作热情包括'有趣、快乐、帅气'"。

做到了自己以前做不到的工作，完成了别人不愿挑战的困难工作，这会让人感到有趣、快乐。就算没有取得成果，敢于挑战这种工作的态度也很帅气。

所有人都讨厌失败，都不愿意挑战困难的工作和没做过的工作，而愿意尝试那些擅长的工作、简单的工作。但是要想通过这样的工作来获得工作热情却非常困难。

那些在工作中取得成果的人，都能够积极地从失败中学习经验，使其变成自己成长的动力。

"因为不想失败"所以不采取行动，再也没有比这更丢人的了。勇于挑战之后的失败，一定会得到别人正确的评价，抱着享受失败的态度去挑战困难的工作吧。

# 结　语


　　OJT解决方案股份有限公司的指导师们，根据自己在丰田生产现场总结出来的知识和经验，对顾客企业进行指导。

　　在参加培训的现场员工中，也有"这种指导有什么意义""无法理解他们的目的，所以我不会采用这种做法"的反对意见，对指导并不配合的人，一般来说，很多人认为应该将这些不配合的人清除出去。但是很多指导师却敢于将这些人都加入到改善项目组中来。

　　为什么要这样做呢，因为这种类型的人不管是好是坏，至少他们拥有自己的信念，而且能够保持思考。所以一旦将他们收归己用将会成为非常强大的力量。他们能够提出很多好的创意，还能够发挥领导能力。更重要的是他们能够不断成长。

　　另外，也有对指导师的意见言听计从，完全按照指导师的指示行动的人。虽然项目会进展的很顺利，但因为这样的人没有自己的信念，也不会自己思考，所以成长往往很慢。

　　大家属于那种类型呢？

　　如果只是去做被安排的工作，那和机器人有什么两样呢。如果将来计算机和机器人完全取代了人类的工作，那么只会按照公司和上司的指示工作的人大概没有在职场继续存在的必要了吧。

在丰田，敢于对上司提出"为什么必须这样做"的人有很多，上司也会非常认真地做出回答。能够带着"为什么"的问题意识进行工作的人，说明他用自己的头脑进行思考，对自己的工作方法有所钻研，工作能够产生附加价值。所以这样的人一旦得到升迁，就能够成为非常优秀的领导。

将自己的工作圆满完成固然重要，但同时也要时刻保持"为什么"的问题意识。这样你工作起来会更加快乐，也能够取得成果。

如果诸位读者朋友能够通过本书培养出"为什么"的精神，那将是我们最大的荣幸。

OJT解决方案股份有限公司